개발자를
위한
스타트업

개발자를 위한 스타트업
나는 코딩 대신 창업한다

초판 1쇄 인쇄 | 2021년 12월 1일
초판 1쇄 발행 | 2021년 12월 10일

지 은 이 | 이종범
발 행 인 | 이상만
발 행 처 | 정보문화사

책 임 편 집 | 노미라
교정 · 교열 | 안종군

주　　　　소 | 서울시 종로구 동숭길 113 (정보빌딩)
전　　　화 | (02)3673-0114
팩　　　스 | (02)3673-0260
등　　　록 | 1990년 2월 14일 1-1013호
홈 페 이 지 | www.infopub.co.kr

I　S　B　N | 978-89-5674-914-3

개발자를 위한 스타트업

이종범 지음

STARTUP

나는 코딩 대신 창업한다

정보문화사
Information Publishing Group

머리말

최근 들어 창업이 하나의 트렌드로 자리잡으면서 학문적으로 많은 관심을 받고 있다. 경영학과 창업학의 차이로는 '시작'과 '과정'을 들 수 있다. 경영학이 이미 만들어진 회사를 어떻게 운영할 것인지를 연구하는 학문이라면, 창업학은 회사를 어떻게 시작할 것인지를 연구하는 학문이라 할 수 있다. 즉, 창업학은 창업 의지를 높이려면 어떻게 해야 하는지, 창업은 어떤 조건하에서 시작해야 하는지, 창업에 성공하려면 어떻게 해야 하는지 등을 연구하고, 이와 관련된 프로세스를 형성하는 학문이다. 삼성이나 애플 같은 대기업을 운영하는 방법보다는 그런 회사를 만들기 위해서는 어떤 것부터 시작해야 하는지에 초점을 맞추는 것이다.

필자는 하루가 멀다하고 많은 창업가를 만나고, 그들의 고민을 들으며, 그들과 함께 해결책을 찾기 위해 노력하고 있다. 늦은 나이에 박사 과정을 공부하면서 창업에 관련된 공부도 하고 있다. 하지만 창업자를 많이 만날수록, 공부를 할수록 모르는 것이 창업인 것 같다.

필자는 학생이자 창업가다. 2003년부터 시작된 창업의 여정은 지금까지 지속되고 있다. 크게 성공해 보기도 하고, 망해 보기도 했지만, 결국 또다시 창업을 선택하게 되는 것은 그만큼 매력적이기 때문이다. 주변 사람들은 필자가 창업을 할 때마다 '위험하지 않느냐?'라고 물어본다. 창업은 성공할 확률보다 실패할 확률이 더 높기 때문이다. 하지만 따지고 보면 성공과 실패의 확률은 50:50이다. 실패할 확률을 줄일 수만 있다면 창업이 그 어떤 분야보다 안전할 것이라 생각했다.

개발자를 위한 스타트업

창업학에서 창업을 하는 계기는 '특별한 기회를 찾았을 때'라고 한다. 다시 말하면 사회적인 이슈나 어떤 특정한 분야에서 사업성을 발견했을 때 이를 기회로 받아들이면 창업하게 되는 것이다. 기회는 찾는 것이라 하기보다는 생각지도 못하는 사이에 찾아오는 것이라 할 수 있다. 필자는 창업을 4번이나 했지만, 실제로 '창업을 해야겠다.'라고 마음먹은 적은 한 번도 없었다. 그냥 우연한 기회에 창업을 하게 됐다. 내 주변에도 창업한 사람들을 보면 그 시작은 우연에 가까웠다. 결국 자신도 모르게 찾아오는 기회를 잡느냐, 잡지 못하느냐의 차이인 것이다. 창업에서 가장 중요한 단어는 '실행'이다. 일단 시작해 보는 것이다. 모든 것을 다 배운 후 모든 리스크를 제거한 후에 창업하겠다는 것은 창업을 하지 않겠다는 것이나 다름없다.

이 책은 우연한 기회에 쓰게 됐다. 마케팅 책을 준비 중이었는데, 창업에 관련된 집필 의뢰를 받았다. 창업에 관한 교육도 하고 있고, 창업학 석사 공부도 했기에 수락했고, 집필하기 시작했다. 하지만 쓰면 쓸수록 부족함이 느껴졌다. 그러다 우연한 기회에 창업학 박사 과정, 그것도 기술 창업학을 공부하게 됐는데, 이것이 이 책의 주제와 밀접한 관련이 있어 책을 쓰는 데 많은 도움이 됐다.

이 책의 대상 독자는 개발 분야 또는 IT 서비스와 관련된 창업을 하고자 하는 사람이다. 이를 위해 개발 분야의 창업가와 현재 IT 서비스를 운영하고 있는 대표님들을 많이 만났다. 기술 기반의 서비스를 창업하는 창업가는 일반 창업가에 비해 성공 확률이 높다. 이들이 가진 기술이 진입 장벽을 낮춰 주기 때문이다. 하지만 기술을 기반으로 한 창업의 맹점은 기술에 매몰되는 경우가 많다는 것이다. 아무로 훌륭한 기술이라도 고객이 원하지 않는 제품·서비스라면 외면을 당한다. 따라서 이 책에서는 기술적인 부분이 아니라 어떻게 고객이 원하는 제품·서비스를 만들 수 있는지에 좀 더 집중했다.

창업하기 전에 이 책을 한 번 정도 훑어 보는 것만으로도 성공 확률을 조금이라도 높일 수 있을 것이다. 이 책을 집필하는 데 많은 도움을 주신 서울창업디딤터의 고병기 팀장님, 로핏의 김진희 변호사님, 팜캣의 김정모 대표님, 나눔엔젤스의 이동건 이사님, 바벨탑의 조은별 대표님 및 동국대학교 창업동아리 학생들과 성창수 교수님께 감사의 말을 전하고 싶다.

내게 집필할 수 있는 힘과 용기를 준 아내 송정은, 아들 이다솔, 딸 이다인에게 이 책을 바친다.

추천사

이 책은 비단 기술 기반 스타트업을 넘어 성공을 꿈꾸는 모든 창업가에게 팬데믹과 같은 창업 환경에서 시장의 중요성을 인식하는 귀한 백신이 되기를 기대한다.

성창수 동국대학교 기술창업학과 교수, 창업교육센터 센터장

이미 국가 경제의 성장 동력으로 부상한 스타트업 생태계가 창업가들의 놀이터가 되길 바란다. 창업은 취업의 대안도, 실패하면 인생 끝장이라는 두려움의 대상도 아니다. 저자는 게임을 즐기듯 창업을 거듭해온 실전 경험과 다년간의 컨설팅 및 멘토링을 통한 창업가들의 생생한 스토리, 그리고 체계적인 창업학 지식으로 창업의 a to z를 이 한 권의 책에 집대성했다. 창업을 꿈꾸는 모든 분들에게 이 책을 권한다.

김경주 SK 상무

IT 개발자들에게 컴퓨터 모니터 화면에서 머물던 생각과 주저함을 작은 실행으로 발돋움할 수 있도록 하는 데 꼭 필요한 필독서이다. 이종범 대표님과 린스타트업을 자주 실행하면서 의미 있는 실패와 성공을 함께 경험해 보았는데 이 경험을 IT 개발자들과 꼭 공유하고 싶다.

이동건 나눔엔젤스 이사

사업을 시작하게 되면 막막할 때가 많다. 생각보다 모르는 게 많다는 걸 알게 되지만 딱히 물어볼 곳도 마땅치 않고 수많은 교육을 들어도 나와 딱 맞는 과정을 찾기 어렵다. 그렇게 느껴지는 이유는 사업에 대한 기본기가 부족하기 때문일 텐데 이번에 이런 부분을 잘 긁어주는 책이 나온 것 같다. 하나의 책이 모든 걸 해소할 순 없겠지만 부족한 기본기를 채우는 데에는 큰 도움이 되지 않을까 한다. 더불어 사업을 하면서 아쉬운 부분이 느껴졌다면 한 번쯤 이 책을 읽어보면서 자신이 무엇에 부족했는지를 느껴보는 것도 좋을 듯하다. 기본이라는 건 언제 봐도 도움이 되고 이 책은 그런 면에서 잘 가이드해 줄 것이다.

박성혁 SK 가스 IT전략 지원실장

대한민국은 자원이 부족하기 때문에 플랫폼 서비스 분야의 아이디어로 창업하려는 사람들이 많다. 아이러니하게도 개발자가 대표자인 경우 창업의 전반적인 내용을 이해하지 못하는 사람들이 많다. 이 책은 개발자이면서 창업을 준비하는 사람들에게 창업의 전반적인 이해를 돕고 있다. 실패를 줄이기 위한 창업의 지식을 이 책으로부터 도움받길 바란다.

김민정 골드아크 대표

개발자를 위한 스타트업

창업은 화려해 보이지만 막상 창업하고 나면 화려하지 않다. 화려해 보이지 않는 수많은 잡무와 삽질들이 기다리고 있다. 이 책은 창업하기 전부터 창업 이후에 겪게 될 겪어야만 할 일들, 꼭 고민해야 할 다양한 주제들을 다루고 있다. 창업을 준비하고 있거나 여전히 고민 중인 스타트업 창업자들에게 좋은 지도가 될 수 있을 거라 생각한다.

정윤호 해빗팩토리 대표

다솔인의 이종범 대표가 A부터 Z까지 친절하게 창업의 길로 안내한 책이다. 여기에 여러 번 창업을 경험한 노하우까지 들어 있어서 이제 창업을 하는 사람들에게 많은 도움이 될 것이다. 개발자뿐만 아니라 창업을 생각하고 있는 모든 예비 창업자에게 추천한다.

정동원 워니인터네셔널 대표

창업을 할 때 도움이 되는 내용이 자세한 사례와 함께 구체적으로 들어가 있어서 개발자들에게 추천한다.

조상래 플래텀 대표

차례

PART
01

스타트업의 시작,
기업가정신 바로 알기

필자는 스타트업 미디어인 '플래텀(http://platum.kr)'을 공동 창업한 즈음부터 마케팅 의뢰, 컨설팅, 강의와 관련해 거의 매일 여러 스타트업 대표를 만났다. 그러다 보니 스타트업은 대부분 난관에 봉착해 있다는 사실을 알게 됐다. 얼마나 답답했으면 나를 찾았겠는가. 안타깝게도 그 문제들은 필자 역시 풀기 어려운 것들이었다. 오로지 내가 할 수 있는 일은 머리를 맞대고 해결책을 찾을 수 있도록 도와주는 것뿐이었다.

그런데 1가지 재미있는 사실은 이 문제를 대하는 태도가 각자 다르다는 것이다. 어떤 이는 자신의 상황을 한탄하며 주변을 탓하거나 지레 풀 수 없는 문제라고 단정 지은 후 피할 방법만 강구하고, 어떤 이는 반드시 문제를 해결하고야 말겠다는 일념으로 난관을 극복해 나간다.

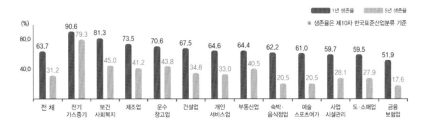

스타트업 생존율
(출처: 2019년 기업생멸행정통계 결과, 통계청 자료)

스타트업이 5년간 생존할 확률은 31.2%에 불과하다. 이는 곧 68.8%는 사라진다는 것을 의미한다. 사라지는 이유는 여러 가지이겠지만, 살아남은 31.2%에게는 뭔가 특별한 이유가 있을 것이다. 문제에 봉착했을 때의 태도가 성공과 실패를 결정 짓는다. 이처럼 커다란 벽을 마주했을 때 피해 돌아가려 하지 않고 벽을 뚫고 나가려는 자세를 '기업가정신(Entrepreneur)'이라고 한다.

개발자를 위한 스타트업

기업가정신은 프랑스어 동사인 'Entreprendre'에서 유래했으며, '착수하다.', '시작하다.'라는 의미를 지니고 있다. 기업가정신은 16세기 프랑스와 영국에서 '군대 원정을 이끄는 책임자', '음악 지휘자'와 같은 의미로 사용됐다. 기업가정신은 18세기 경제학자 리샤르 캉디용(Richard Cantillon, 1680~1734)이 창업가를 모험적인 경제 활동과 관련 지어 언급한 것이 최초라고 알려져 있다. 밥슨 칼리지(Babson College)의 로버트 론스태드(Robert C. Ronstadt) 교수는 기업가정신을 "빨간색 신호등을 무시하고 돌진하는 것"이라고 정의했다. 기업가정신에 관한 연구는 지금도 창업에 있어서 중요한 요소로 알려져 있다.

창업을 할 때는 마인드셋이 필요하다. 목표를 향해 나아갈 때는 항상 평탄한 길만 있는 것이 아니라 결코 앞으로 나아갈 수 없을 것처럼 느껴지는 난제들이 첩첩산중처럼 쌓여 있을 것이다. 기업가정신은 이런 상황에서 목표를 향해 나아갈 수 있게 해 주는 원동력이다.

자본가를 일컫는
또 다른 말, 기업가정신

모든 기업가가 기업가정신을 지니고 있는 것은 아니다. 하지만 우리가 알고 있는 기업가 중 대다수는 기업가정신을 지니고 있다. 기업가에게는 이처럼 미래를 예측하고, 새로운 것에 과감히 도전하며, 혁신적이고 창의적인 태도가 요구된다.

최근 들어 기업가정신이 강조되는 이유는 아무나 성공한 사업가가 될 수 없기 때문이다. 특히 기업가정신은 요즘 같이 한치 앞도 알 수 없는 시대를 맞아 더욱 중요해지고 있다.

서울대 치대를 졸업하고 대형 병원의 치과의사로 근무하던 이승건 씨는 의사를 그만두고 회사를 차렸다. 호기롭게 시작했지만, 첫 아이템이 실패한 이후 3년 동안 여덟 번이나 실패했고, 남은 건 2억 원의 빚뿐이었다. 주변 사람들은 이제 포기하고 치과의사나 다시 하라고 했다. 이만하면 그만둘 법도 한데, 그는 결코 포기하지 않았다.

다시 9번째 아이템을 시작했다. 그 아이템이 바로 우리가 익히 알고 있는 '토스'다. 핀테크의 혁신을 이룬 간편 송금 서비스 앱인 토스는 2021년 3월까지 누적 가입자 수 1,800만 명을 넘었고, 누적 투자 금액은 5,030억 원이다(https://thevc.kr/VivaRepublica 참고).

토스는 그가 구상하고 있던 총 100가지 아이템 중 1가지였을 뿐이다. 당시에는 회사를 운영할 수 있는 자금이 3~4개월치밖에 남아 있지 않았고, 정부의 규제 또한 심했다. 심지어 토스와 동일한 서비스를 대기업에서 준비하고 있다는 소식도 들려왔다. 이 서비스를 시작하려면 최소 10억 원 이상의 자본금도 필요한 상황이었다.

개발자를 위한 스타트업

이처럼 회사 운영 자금도 바닥나고, 대기업이 이미 준비하고 있고, 규제도 심하고, 자본금도 10억 원 이상 필요했다면 누구나 아홉 번째 아이템은 포기하고 그다음 아이템을 준비했을 것이다. 하지만 그는 오기가 생겼다. 하나라도 성공시켜 보자는 마음이 생겼다. 결국 '되든 안 되든 한번 해 보자.'라는 생각으로 토스를 시작했다.

토스는 앱을 바로 만들지 않고 웹사이트에 론칭 웹페이지부터 만들었다. 토스의 작동 방식을 설명하는 30초짜리 영상만 담겨 있는 간단한 웹페이지였다. 반응을 본 후에 앱을 만들어도 늦지 않을 거라 생각했다. 웹페이지에는 수만 명의 사람이 몰렸다. 이에 확신을 갖고 앱을 만들어 론칭했다. 하지만 두 달 정도 운영했을 때 금융 당국의 제재로 부득이 서비스를 중단해야만 했다.

토스 홈페이지(https://toss.im)

또 다시 난관에 부딪히게 된 것이다. 그는 이런 상황에서 뚫고 지나가는 길을 선택했다. 그는 1년간 정부를 설득한 끝에 결국 토스를 성공의 반열에 올려놓았다.

그는 어릴 때 배운 코딩이 창업을 결심하게 된 계기가 됐다고 한다. 그는 회사의 목적이 돈을 버는 것이 아니라 사회의 문제를 해결하는 것이라고 밝혔다. 만약 아홉 번째 이이템에 실패했다면 100번째까지라도 도전했을 것이다.

 이승건 대표 인터뷰
(https://www.youtube.com/watch?v=uPhHPO98M84&t=43s)

기업가가 되기 위한
지식 10가지

요즘에는 창업 관련 정보가 많기 때문에 검색을 해 보거나 강의를 들어 보면 좋은 정보를 많이 얻을 수 있다. 또한 SNS를 이용해 유명 기업인을 팔로우해도 생생한 정보를 얻을 수 있다. 창업을 하기 전에 알아 둬야 할 것에는 무엇이 있을까?

리스크를 줄이자

창업을 할 때 가장 중요한 점은 '살아남는 것'이다. 31.2%에 속하기 위해 끊임없이 노력해야 한다. 생존하는 데는 '리스크 관리'가 필요하다. 기업이 생존하기 위해 갖춰야 할 필수 조건은 비용을 줄이고 수익을 늘리는 것이다.

필자는 23살 때 첫 창업을 하고 지금까지 창업의 길을 걷고 있기 때문에 창업을 하려는 친구들이 조언을 구할 때가 많다. 이제 중년이 된 친구들도 하나둘씩 퇴사를 해 창업을 고민하는 친구들이 많아졌다.

필자의 친구 중 한 사람은 창업에 관련된 청사진을 제시하면서 퇴직금으로 강남에 사무실을 마련하고, 차는 외제차, 컴퓨터는 맥북과 아이맥으로 채우겠다는 포부를 늘어 놓았다. 그게 창업과 무슨 상관이 있느냐고 묻자 회사를 다닐 때 주변의 클라이언트 대표들을 보면 다 그렇게 한다면서 보여지는 것도 중요하다고 말했다. 보여지는 것이 중요할지는 모르지만 창업을 할 때 비용이 수익보다 크면 결국 폐업의 길로 들어설 수밖에 없다. 창업한 사람 중 68.8%는 5년 내에 모두 망한다는 사실을 명심하자.

누군가 필자에게 창업에 관한 조언을 해 달라고 한다면, 가장 먼저 '리스크를 줄이라.'고 권할 것이다. 사무실, 직원, 외제차와 비싼 집기들이 과연 필요한 것일까? 창업할 때 꼭 필요한 것은 무엇인지 고민해 보기 바란다.

창업 교육을 받자

창업에도 배움이 필요하다. 직접 부딪히며 배우는 방법은 추천하지 않는다. 시행착오는 결국 손실로 이어지기 때문이다. 창업 교육은 해당 분야의 전문가들이 담당하고 있기 때문에 전반적인 창업의 흐름과 시행착오를 줄일 수 있는 방법을 배울 수 있다.

보통 예비 창업자에 관한 정부 지원 사업에 지원해 합격하면 창업 교육을 체계적으로 받을 수 있다. 정부 지원 사업에 관한 정보는 K-스타트업 홈페이지(https://www.k-startup.go.kr/)의 사업 공고를 보면 알 수 있다. 또한 K-스타트업 홈페이지의 창업에듀(https://www.k-startup.go.kr/edu/home/main/index)를 이용하면 창업 교육을 온라인으로 들을 수 있다.

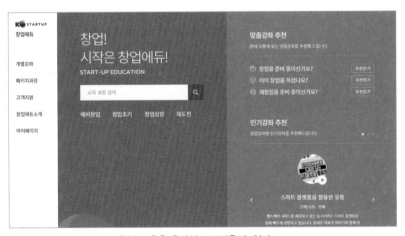

K-스타트업 창업에듀에서 창업 교육을 온라인으로 받을 수 있다.

멘토를 두자

창업 교육을 받으면서 비즈니스 모델과 각 분야별 전략들을 수립했다면 이제 실행에 옮길 차례. 하지만 실제 실행에 옮기면 각자 상황에 따른 시행착오가 계속 생기게 된다. 이때 필요한 것이 바로 길을 잃지 않도록 도와주는 '멘토'다.

사업에 성공하고, 지금도 사업을 하고 있는 사람이라면 멘토로 적격이다. 물론 멘토의 역할은 답을 알려 주는 것이 아니라 질문을 이용해 스스로 답을 찾게 해 주는 것이기 때문에 성공한 사업가라도 멘토로서 부적격일 수 있다. 강연장, 네트워킹 파티 같은 곳에서 직접 멘토를 찾을 수 있지만, 찾았다고 해도 그런 사람을 멘토로 삼는 건 또 다른 문제다.

사업 전반에 관해 조언을 해 주는 멘토가 있으면 좋겠지만, 현실적으로 찾기가 어렵기 때문에 분야별 멘토를 두는 것도 좋은 방법이다. 우선 멘토를 찾는 쉬운 방법은 창업 지원 사업에 참여하는 것이다.

창업 자금 지원을 받으려면 창업 교육을 필수적으로 받아야 하고, 멘토링도 받아야 한다. 멘토링은 각 분야에 등록된 멘토들과의 매칭을 이용해 이뤄지는데, 보통 1~2시간 동안 진행되고, 전담 멘토로 매칭되면 5~10회에 걸쳐 정기적으로 멘토링을 받게 된다. 이런 기회를 이용하면 평생 멘토를 찾을 수 있을 것이다.

필자는 '다솔인 컨설팅 서비스(https://dasolin.net/service/consulting)'로 유료 컨설팅을 진행하고 있지만, 무료 멘토링도 주변에 찾아보면 꽤 많다. 그중 하나는 '비즈캐처'로, 비즈캐처 홈페이지(https://bizcatcher.kr/)에서 신청하면 사업 계획, 법률, 세무, 노무, 특허, 개발, 마케팅 전문가에게 무료로 멘토링을 받을 수 있다. 이는 변호사, 세무사, 변리사 등 각 분야에 관한 전문가들이 모여 진행하고 있는 무료 멘토링 프로그램이기 때문에 멘토링을 받아본 후 원하는 멘토가 있다면 지속적으로 연락해 멘토로 만드는 방법도 있다.

내 돈으로 시작하지 마라

필자가 첫 창업을 한 때는 2003년이다. 당시에는 대학생이었기 때문에 부모님께 4,000만 원을 빌려 시작했다. 다행히 사업이 순조로워 돈을 모두 갚을 수 있었지만, 순조롭지 않았다면 학생으로서 4,000만 원을 갚기는 어려웠을 것이다. 당시에는 창업 지원 사업 같은 것이 없었기 때문에 직접 벌거나 대출을 받아 창업을 해야만 했다. 하지만 요즘은 정부에서 창업 지원 사업을 이용해 창업 자금을 지원하고 있다. 예비 창업 패키지에 지원하면 정부 지원금을 최대 1억 원까지 받을 수 있다. 사업에 따라 다르긴 하지만 전액을 지원해 줄 때도 있고, 70%만 지원해 줄 때도 있다. 즉, 1억 원에 선정되면 7,000만 원을 지원해 주고, 3,000만 원은 자기가 부담해야 하는 것이다.

창업 지원 사업에 관한 정보는 K-스타트업 홈페이지의 공지 사항을 참고하면 된다. 스타트업 대표라면 K-스타트업 홈페이지는 수시로 들어가 확인해 보는 것이 좋다.

정부에서 창업 지원 자금을 주는데 굳이 내 돈을 들여 사업을 할 필요는 없다. 그만큼 리스크가 커지기 때문이다. 정부 지원 자금을 받으면 자금을 잘 사용하고 있는지 알아야 하기 때문에 요구 사항이 많다. 보고서 형태로 제출해야 하기 때문에 페이퍼 작업이 많아진다. 따라서 지원금이 너무 적은 사업이라면 오히려 시간적으로 손해를 볼 수도 있다. 이런 이유로 정부 지원 자금을 받기 싫다면 최소한의 자금으로 시작하길 권한다.

무턱대고 법인부터 시작하지 말자

사업을 시작한다면서 법인부터 만드는 경우를 종종 본다. 법인은 하나의 인격체이므로 만들기도, 없애기도 어렵다. 우선 법인을 만들기 위해서는 자본금이 있어야 하고, 자본금에 관한 지분을 명시해야 한다.

법인을 만든 후에는 수입과 지출을 명확히 기입해야 하며, 여러 가지 법적 제한도 생긴다.

우선 사업자 없이 시작해 정부 자금을 받은 후에 법인을 설립해도 되고, 개인 사업자로 시작한 후 어느 정도 매출이 생겼을 때 법인을 설립해도 된다. 법인을 설립할 때는 자본금이 있어야 하기 때문에 지분이라는 개념이 있고, 자본금을 낸 만큼 기업에 관한 지분을 갖게 된다.

초기에는 공동 창업자의 지분을 어떻게 배분할 것인지 서로 합의하기 어렵다. 보통 1/N로 나누려 하지만, 추후 회사가 성장하면서 경영에 관한 방어권을 잃을 수 있기 때문에 권하지 않는다. 보통 지분이 희석되는 경우를 고려했을 때 대표가 80% 이상의 지분을 가져야 하므로 충분한 논의가 되지 않은 상황에서는 제품·서비스가 출시되기도 전에 팀이 깨지기도 한다.

충분히 준비된 상태가 아니라면 창업 교육도 받고, 멘토도 소개받고, 정부 지원 자금도 받은 상태에서 팀원들과 충분히 논의해 본 후에 법인을 설립하길 권한다.

네트워크를 하자

창업한 후에는 대표가 해야 할 일이 많다. 인력이 항상 부족하기 때문에 일당백이 돼야 하지만, 대표가 해야 할 일이 산더미처럼 많기 때문에 모든 것을 혼자하기는 어렵다. 이럴 때 파트너가 있으면 힘이 된다. 정보도 교환하고 필요한 것을 서로 공유할 수 있는 파트너가 있다면 좋은 시너지가 날 것이다.

이런 파트너를 구하려면 네트워킹을 적극적으로 활용할 필요가 있다. 코로나19 때문에 오프라인 네트워킹 파티가 많이 사라졌지만, 비대면으로 진행되는 네트워킹도 있고, 적은 인원이 모여 소규모로 진행하는 네트워킹도 있다. 또한 창업 교육이나 정부 지원 사업에 함께 참여한 다른 기업들과 교류하면서 파트너를 찾을 수도 있고, 공유 오피스에 입주해 있다면 자체적으로 지원하는 네트워킹 파티에 참여해 파트너를 찾을 수도 있다.

선배 기업가의 이야기를 듣자

초행길을 갈 때 먼저 가 본 사람의 이야기를 듣는 것만큼 유익한 것은 없다. 선배 기업가의 스토리는 다양한 곳에서 들을 수 있다. 직접 만나 이야기를 듣는 것이 제일 좋겠지만, 온라인에서도 충분히 이야기를 들을 수 있다. 유튜브에서는 EO 채널을 추천한다. 여러 선배 기업의 초창기 이야기를 들을 수 있기 때문이다. 스타트업 전문 미디어인 '플래텀'에서도 창업가들의 인터뷰를 기사로 볼 수 있다. 플래텀은 스타트업의 역사를 기록하자는 의미로 인터뷰를 하고 있기 때문에 지금 성공한 기업가가 창업 초기에 겪은 에피소드를 들을 수 있다.

네트워크 파티나 창업가와의 만남과 같은 세미나에서 선배 기업가를 만나는 방법도 있고, 때론 만나고 싶은 창업가에게 SNS로 팔로우하거나 이메일을 보내는 방법도 있다. SNS를 이용하면 그 사람의 생각을 읽을 수 있고, 댓글로 소통할 수도 있다. 창업가는 바쁘지만, 외롭기도 하기 때문에 같은 길을 가고 있는 창업가들을 위해 아낌없는 조언을 해 줄 것이다.

고객을 만나자

내가 생각하는 고객은 누구인가? 고객을 만나면 우리 제품·서비스를 어떻게 생각하는지 물어보거나 진짜 고객인지 여부와 지금 만들려고 하는 제품·서비스가 고객이 원하는 것인지 여부를 알아낼 수 있다.

고객은 정답을 모를 수 있다. 하지만 정답은 고객에게 있다. 우리 제품·서비스를 구매하는 이유가 있을 것이기 때문이다. 고객을 만나는 것을 두려워하지 말자. 고객을 만나는 것을 즐거워해야만 고객도 당신의 제품·서비스를 좋아하게 될 것이다.

동업에 주의하자

모든 동업이 나쁘다고 말할 수는 없지만, 동업은 위태로운 줄 위를 두 사람이 함께 올라가는 것과 비슷하다. 혼자 가기도 버거운데, 둘 또는 셋 이상이 함께 가기는 더욱 어렵다. 사공이 많으면 배가 산으로 간다는 말도 있지 않은가?

필자는 첫 창업을 동업으로 시작했다. 사업이 잘 안 될 때는 서로 의지가 됐지만, 사업이 순항을 하면서 급격히 성장하기 시작하자 문제가 생기기 시작했다. 결국 서로 좋지 않게 끝이 났다. 필자의 사례가 모든 창업자에게 적용될 수는 없겠지만, 동업은 의사결정을 내리거나 수익을 배분할 때 문제가 될 소지가 있다.

따라서 동업을 하려면 주변 사업자들의 이야기를 충분히 듣고, 사업을 시작하기 전에 의사결정과 수익 배분에 관한 사항을 확실히 문서로 작성해 두길 권한다.

퍼스널 브랜딩을 하자

한 투자 회사의 대표가 필자에게 자신이 투자한 5개 기업 대표의 퍼스널 브랜딩을 의뢰한 적이 있다. 당시에는 필자의 회사에 퍼스널 브랜딩 상품이 없었기 때문에 일을 진행하지는 않았지만, 지금 그 회사들은 누구나 들으면 알 만한 회사로 성장했다.

필자는 스타트업 대표들을 매우 많이 만난다. 지금 이 글을 쓰고 있는 날에도 5명의 스타트업 대표를 만나 컨설팅을 했다. 그중 자신의 퍼스널 브랜딩에 관심이 있거나 진행하고 있는 사람은 한 명도 없다. 100개 기업을 만나면 1개 기업 정도만 퍼스널 브랜딩에 관심을 갖고 관리를 하고 있다.

왜 그런지 물어보면 모두 한결같이 "SNS는 인생의 낭비다."라고 대답한다. 무엇 때문인지는 몰라도 SNS를 부정적으로 생각하는 대표들이 많다. 하지만 퍼스널 브랜딩은 자본과 리소스가 부족한 스타트업이 가장 손쉽게 할 수 있고, 비용도 들지 않는 마케팅 방법이다.

우선 페이스북 계정을 만든 후 퍼스널 브랜딩을 해야 하는 대상을 친구로 추가한다. 잠재 고객, 투자자, 정부 기관 담당자, 기자, 동종업계 대표 등 나를 알리고 싶은 사람들과 친구를 맺고, 그 사람들의 글에 공감과 댓글을 달아 주자. 그리고 보여지고 싶은 나의 이야기를 올리면 된다. 이것만으로도 당신의 존재가 부각될 것이다.

스타트업을 시작하기 위한
마음가짐, 기업가정신

창업을 생각하는 사람들은 대부분 화려한 미래를 꿈꾼다. 하지만 그 길이 평탄한 길일 것이라 생각해선 안 된다. 그 길에는 예상치 못한 변수들이 도사리고 있기 때문이다.

'토스'는 시작부터 '법'이라는 함정에 빠졌다. 서비스를 만들어 출시했는데 법적으로는 서비스가 불가능했던 것이다. 카셰어링 서비스인 '우버'도 국내에서 법적인 문제로 서비스되지 못했고, '타다' 역시 사회적 논란이 되면서 비즈니스 모델을 접을 수밖에 없었다. 하지만 우버는 택시를 활용한 서비스를 제공하기 시작했고, 타다 또한 대리운전, 골프, 에어, 프라이빗 등과 같이 타깃을 세분화해 새로운 비즈니스 모델을 만들어 나가고 있다.

'씨위드'는 해조류를 활용해 배양육을 만드는 스타트업이다. 여기서 배양육은 몇 개의 세포를 이용해 가축 근육의 복잡한 구조를 재현하는 것을 말한다. 그러나 배양육이 식품인지, 의약품인지에 관한 법적인 해석이 없기 때문에 제품을 완성했다고 해도 식약청의 승인이 없는 한 판매를 할 수 없다. 이는 전 세계가 비슷한 상황인데, 배양육을 판매할 수 있는 나라는 전 세계에서 오직 싱가폴뿐이라고 한다. 만약 내가 배양육과 관련된 사업을 하려고 한다면 어떤 결정을 내릴 것인가? 법적으로 판매를 할 수 없으니 포기할 것인가? 아니면 법적으로 판매될 수 있도록 할 것인가?

씨위드는 후자를 선택했고, 2021년 6월 현재 시리즈 A로 70억 원을 투자받은 상태다. 앞으로 배양육에 관한 새로운 법이 생기게 될지는 아무도 알 수 없지만, 씨위드의 기업가정신이라면 조만간 우리 식탁에 배양육이 올라와 있는 모습을 볼 수 있게 될 것 같다.

The Plan

SUCCESS!

The Reality

SUCCESS!

목표까지 직선의 길로 갈 수 있을 것 같지만, 그 길은 매우 험난하다.

창업의 모든 과정은 쉽지 않다. 팀 빌딩 후 아이디어를 구체화하고, 비즈니스 모델을 만들고, 사업화하기 전까지도 험난하고, 사업화 이후에는 더 많은 난관이 기다리고 있다. '창업을 하면 성공하겠지.'라는 막연한 기대감보다는 어떤 상황에 처하든, 어떤 일이 생기든 성공시키고야 말겠다는 마음가짐이 중요하다. 돌파구를 찾아 다음 구간으로 진입하는 기업가정신이 필요한 것이다.

기업가정신은 전 세계적으로 연구되고 있다. 기업가정신에 관한 논문 1만 5,284건을 분석한 결과, 미국, 영국, 독일 등과 같은 선진국에서는 일찍이 창업의 다양성, 지속가능성, 자본 조달과 환경, 기업가정신과 혁신, 대학 창업, 글로벌화 등 기업가정신에 관한 다양한 연구가 활발히 진행되고 있다고 한다. 기업가정신은 실험적 혁신을 만들어낸다. 빠르게 변화하고, 모든 것이 불확실한 시기에 기회를 찾아내 실패를 감수하고 한 발 더 내딛는 것이 바로 창업가 정신이다.[1]

1   Kim & Jinseo, "Global Trends of Entrepreneurship Research"

기업가정신은 말 그대로 '정신'이다. 특별한 비법이 숨어 있는 것이 아니라 불확실한 상황에 처했을 때 어떤 태도로 바라보느냐에 관한 것이다. 기업가정신은 위험하고 불확실한 상황 속에서 새로운 기회에 창조적으로 도전하거나 열정과 헌신을 바탕으로 가치를 지속적으로 추구하고, 위기를 성장과 행복의 기회로 만드는 자세 또는 마인드를 말한다. 창업을 고민하고 있다면 가장 먼저 최악의 상황을 떠올려보고 이런 상황에서 어떤 태도를 지닐 것인지, 돌파해 나갈 수 있는지를 충분히 고려한 후에 시작하길 바란다.

Q 자기 소개 부탁드립니다.

A 주식회사 팜캣(https://www.palmcat.co.kr)의 CEO 김정모라고 합니다.

Q 개발자 출신의 창업자이신데, 개발자로서 창업을 준비하시는 분들에게 해 주고 싶은 이야기는 무엇인가요?

A 우선 창업을 생각하셨다는 것만으로도 박수를 보냅니다. 처음부터 너무 많은 욕심을 내지 말고 하나씩 이뤄가겠다는 마음으로 임하시는 것이 좋을 것 같습니다. 어느 정도 확신이 생겼다면 망설이지 말고 과감하게 시도해 보시기 바랍니다. 그리고 마인드를 바꾸는 것이 좋습니다. 개발자 마인드를 하루빨리 버려야 성공할 수 있습니다. 앞으로 멘토도 만나고, 투자자도 만나고, 거래처도 만나게 될 텐데 개발자 마인드로 접근해서는 절대 승산이 없습니다. 사업가적인 마인드로 그들을 수용하고 포용하려는 생각이 가장 중요합니다.

Q 창업을 한 후 고객분들의 반응은 어떠셨나요?

A 제품의 완성도가 낮고 마음의 준비가 아직 안 된 상태에서 고객을 만났기 때문에 무척 두려웠습니다. 하지만 의외로 친절하게 대해 주셨고, 제품의 단점도 구체적으로 잘 이야기해 주셔서 많은 도움이 됐습니다.

팜캣에서 개발한 웨어러블 제스처 컨트롤러 'Pero'

Q 제품을 만들기 전에 고객을 만나는 일이 필요하다고 생각하시나요?

A 반드시 필요하다고 생각합니다. 스타트업 초기에 제가 남들보다 시행착
오를 많이 겪었던 이유는 사용자의 니즈를 정확하게 파악하지 못한 채
개발을 진행했기 때문입니다. 3년이나 지난 후에 고객의 니즈를 파악하
느라 많은 고생을 했습니다.

Q 마지막으로 창업자들에게 한마디 부탁드립니다.

A 도전하는 것이 가장 중요하다고 생각합니다. 저는 30살 때도 창업을 하
려다 못했어요. 30대 내내 계속 생각이 나더라고요. 실패를 두려워하지
말고 과감하게 도전해 보시기 바랍니다. 창업자분들 모두 힘내세요!

PART
02

돈을 벌기 위한 아이디어 구상
및 팀 구축하기(팀 빌딩)

기업의 사전적 정의는 '이윤 획득을 목적으로 운영하는 자본의 조직 단위'다. 즉, 기업의 목적은 '돈을 버는 것'이다. 그렇다면 돈은 어떻게 벌 수 있을까? 이번에는 돈을 벌 수 있는 아이디어를 발굴하는 방법, 아이디어를 현실화할 수 있는 팀을 만들어 나가는 과정 및 방법을 알아본다.

필자의 지인 중 한 사람이 카카오톡을 보면서 "나도 옛날에 카카오톡 같은 생각을 해 본 적이 있는데…."라며 아쉬워하는 모습을 본 적이 있다. 이런 이야기는 주변에서 많이 듣는다. '배달의 민족 같은 생각을 해 본 적이 있는데…', '쿠팡 같은 것을 생각해 본 적이 있는데…', '마켓컬리와 같은 생각을 해 본 적이 있는데…'라고 아무리 말해 봐야 공염불에 불과하다. 만약 이 생각을 실행에 옮겼다면 상황이 많이 바뀌었을 것이다. 창업 시 가장 중요한 것은 바로 '실행'이다. 현대의 정주영 회장이 직원들에게 가장 많이 했던 말이 "이봐, 해 봤어?"였다는 것을 상기해 보기 바란다.

창업에는 최고의 팀을 만드는 것이 중요하다.

창업을 하고자 할 때는 돈이 될 수 있는 아이템을 찾은 후 팀을 구성해야 한다. 만약 혼자할 수 있다면 혼자해도 된다. 하지만 혼자할 수 없다면 팀을 구성해야 한다. 간혹 모든 것을 잘하는 슈퍼맨, 슈퍼우먼도 있다. 다시 말해 개발, 디자인, 마케팅, 세무, 노무, 영업, 투자 등 모든 면에서 탁월한 능력을 갖고 있는 사람이 있을 수 있다. 하지만 대부분은 그렇지 못하다. 개발에도 프런트, 백엔드, 코더, 안드로이드, iOS와 같이 다양한 분야가 있고, 마케팅에도 퍼포먼스 마케터, 그로스해킹, ATL, BTL, 검색엔진, SNS와 같이 다양한 분야가 있기 때문이다.

기업가정신을 연구한 제프리 티몬스(Jeffry Timmons)는 "기업가정신은 기회, 리소스, 팀이 균형을 이뤘을 때 발휘되며, 그중에서도 팀은 비즈니스 전략의 부족한 부분을 채울 수 있기 때문에 각기 다른 역량을 가진 사람들로 구성해야 한다."라고 말했다.[2]

이처럼 팀은 반드시 필요하다. 능력 있는 사람과 팀을 이뤄 아이디어를 현실화하고, 돈을 벌어야 하는 것이다. 지금부터 돈을 벌려면 어떤 아이디어가 있어야 하고, 팀을 구성할 수 있는 방법은 무엇인지 알아보자.

---

2   A. Rahman & Mohd Shariff, "Why Do Some Entrepreneurs Succeed and Others Failed?"

우리는 삼성, 현대, SK를
기업이라 부른다!

우리가 사용하는 스마트폰, 자동차, 통신사, 컴퓨터 등은 기업이 만들어낸 제품이다. 우리 주변에는 수많은 기업이 있다. 우리가 입는 것, 먹는 것, 사는 곳 모두 기업이 만들어낸 결과물이다. 우리는 기업이 만들어낸 제품·서비스를 사용하고, 그에 관한 가치를 지불한다. 기업에서는 제품·서비스에 관한 가치를 최대한 높이려고 하지만, 각자가 느끼는 가치는 다르다.

스마트폰의 가격이 100만 원이라면 비싼 것일까, 저렴한 것일까? 스마트폰을 전화 통화용으로밖에 사용하지 않는 사람은 비싸다고 느낄 것이고, 스마트폰이 지닌 성능을 잘 활용하는 사람은 싸다고 느낄 것이다. 따라서 스마트폰의 가치가 100만 원 이하라고 느끼는 사람은 구입을 망설이겠지만, 100만 원 이상이라고 느끼는 사람은 기꺼이 구입할 것이다.

우리가 알고 있는 대기업 중 삼성은 농산물, 국수, 설탕 판매, 현대는 쌀 판매와 자동차 수리, SK는 옷 판매에서 시작했다. 여러 번의 실패와 경쟁사들 사이에서 살아남았기 때문에 대기업이 된 것이다. 2010년경부터 시작된 스타트업 붐은 새로운 유니콘들을 만들어냈고, 대기업을 위협하는 위치에 올라섰다. 쿠팡은 나스닥에 상장했고, '배달의 민족'의 우아한 형제들은 독일 딜리버리히어로에 40억 달러(한화 약 4조 7,500억 원)에 인수됐다. 토스의 비바리퍼블리카, 야놀자, 무신사 등도 첫 시작은 미약했지만, 현재는 전 세계가 놀라는 기업으로 성장하고 있다.

쿠팡이 처음 시작했을 때 김범석 의장을 만난 적이 있다. 당시는 쿠팡 서비스가 론칭되기도 전이었다. 2010년 어느 날 필자가 마케팅 팀장으로 재직하고 있던 회사에 컨설팅을 받기 위해 김범석 의장이 찾아왔다.

개발자를 위한 스타트업

카카오엔터테인먼트, 카카오페이지의 이진수 대표. 포도트리 대표일 때 블로그 간담회에서
블로거들과 소통하고 있다.

    그는 어떻게 하면 초기 마케팅을 잘 진행할 수 있을지를 물었고, 필자는
블로그 마케팅 방법을 알려 줬다.

    배달의 민족을 인수한 딜리버리히어로의 요기요도 로고가 나오기 전 마
케팅 대행을 맡아 진행한 적이 있다. 블로그 마케팅 대행, 페이스북 마케팅
컨설팅을 수행했는데 당시에는 서비스가 론칭되기 전이었기 때문에 사무
실 내에서 전단지를 만들기 위해 열심히 타이핑하던 직원들의 모습이 아
직도 생생하다.

    카카오페이지의 전신인 '포도트리'의 파워블로그 마케팅도 진행한 적이
있다. 당시 유명했던 교육 학습 만화 시리즈인 『Who』를 앱으로 제작한 후
다양한 콘텐츠를 만드는 작업을 했는데, 그 덕분에 지금 우리가 즐겨 보고
있는 카카오페이지의 웹툰, 웹 소설 등이 탄생할 수 있었다.

2003년 필자가 '서울슈즈'라는 인터넷 쇼핑몰을 운영하고 있을 때 스트리트패션 매거진인 「무신사」가 처음 나왔다. 당시 「무신사」는 여러 스트리트패션 온라인 매거진 중 하나였다. 하지만 20여년이 지난 후 2조가 넘는 기업 가치를 가진 회사로 성장했다.

우리가 알고 있는 기업들 모두 시작은 미미했다. 시작은 고객의 문제를 해결할 수 있는 아주 작은 가치에서 시작한다. 그리고 점점 더 크고, 많은 사람의 문제를 해결해 줄 수 있는 서비스나 제품으로 성장해 나간다.

아이디어는 머리가 아닌 눈으로 끄집어내는 것이다

보통 '아이디어'라는 단어를 떠올리면 '번뜩이는 아이디어!', '획기적이고 창의적인 아이디어!'라는 말이 생각난다. 너도나도 번뜩이고, 획기적이고, 창의적인 것만 찾다 보니 아이디어를 찾기가 점점 어려워지는 것 같다. 사실 이런 아이디어들은 그 아이디어를 낸 사람의 의견이라기보다 아이디어를 평가하는 사람들의 의견에 가깝다. 다른 사람이 낸 아이디어를 획기적이거나 창의적이라 평가하는 것이다. 이러한 아이디어는 대개 어느날 갑자기 떠오르거나 다른 사람의 이야기를 듣다가 인사이트를 얻을 수도 있다. 하지만 좋은 아이디어는 수많은 고민과 관찰을 바탕으로 탄생한다.

사업 아이디어를 구상하는 데 필요한 첫 번째 요소는 '관찰'이다. '아이디어'의 사전적 정의는 '어떤 일에 관한 구상'이다. 우리는 사업을 하기 위한 아이디어를 생각해내야 하기 때문에 '사업에 관한 구상'을 의미한다. 어떤 사업을 할지 고민하는 과정 속에서 아이디어가 나오려면 '관찰'이 필요하다. 나 자신을 잘 관찰하고, 다른 사람을 관찰하고, 내 주변을 관찰하고, 세계를 관찰해야 좋은 아이디어가 나온다.

토스는 초기에 카페나 음식점에 앉아 주변을 관찰하는 것만 계속했다. 이처럼 아이디어를 얻기 위해서는 '관찰'을 해야만 한다. 사업 아이디어는 대개 내 개인적인 상황 속에서 나온다. 스마트폰을 손으로 들고 보기 힘들고 귀찮아서 스마트폰 거치대를 만들게 되는 것처럼 말이다.

아이를 낳아 부모가 되면 가장 힘든 것 중 하나는 '기저귀를 가는 일'이다. 하루에도 여러 번 기저귀를 갈아 줘야 하는데, 이때마다 아이를 눕혀 놓고 안간힘을 써야 한다. 로맘스의 전영석 대표는 이런 자신의 경험에서 사업 아이디어를 발견했고, 아이가 서 있는 상태에서 기저귀를 갈 수 있는 홀딩형 기저귀를 만들었다.

두 번째 요소는 '사람'이다. 재능 있고 마음이 맞는 사람들끼리 의기투합해야 사업을 성공적으로 이끌 수 있다. 공동 창업으로 성공한 '플래텀'이 대표적인 예다. 이들은 방송 및 연예 블로그, 대만 전문 블로그, 러시아 전문 블로그를 운영하던 블로거들이었다. 이 중 대만 전문 블로그를 운영하던 조상래 대표의 제안으로 스타트업에 관한 이야기를 모으는 블로그를 만들었고, 블로그를 운영하듯이 스타트업 대표들을 만나 인터뷰를 했던 것이 플래텀의 시작이다. 지금은 스타트업 전문 미디어로서의 특화된 장점을 살려 스타트업 중에서도 중화권 스타트업에 특화된 미디어로 성장하고 있다.

세 번째 요소는 '기술'이다. 내가 갖고 있는 특별한 기술이 사업이 되는 것이다. 누구나 특허를 갖고 있거나 연구실에서 오랜 시간 연구한 기술이 있다면 창업을 생각하게 된다. '씨위드'는 생명공학과 학생들이 창업해 만든 회사다. 이들은 해조류를 세포밥으로 만드는 기술을 바탕으로 창업을 했고, 많은 투자도 받을 수 있었다. 보통 배양육의 세포밥에는 효모를 사용하는데, 이는 탄소를 발생시키고 환경에도 악영향을 끼친다. 반면 해조류는 광합성을 하기 때문에 탄소를 절감시키는 효과가 있어 환경에도 이롭다고 한다.

네 번째 요소는 '전문적인 지식'이다. 모바일 애플리케이션 보안 솔루션을 제공하는 '락인컴퍼니'의 최명규 대표는 게임 회사에서 게임 보안에 관한 일을 오랫동안 해 왔다. 이 경험을 바탕으로 애플리케이션의 apk 파일을 업로드하면 자동으로 보안이 패치돼 나오는 서비스를 생각하게 됐고, 이를 바탕으로 창업을 하게 됐다. '바벨탑'의 조은별 대표는 통·번역사였다. 통·번역사로 활동하면서 여러 웹 에이전시 플랫폼을 경험해 보고, 번

개발자를 위한 스타트업

전문 번역 플랫폼 '바벨탑'의 홈페이지(https://www.babeltop.net)

역 소프트웨어도 사용해 보면서 불편함을 느꼈다고 한다.

갑질, 재하청을 주는 시스템, 불친절한 UI나 UX를 보면서 창업을 결심하게 됐고, 온디맨드 기반 전문 번역 서비스인 '바벨탑'을 만들게 됐다.

사업 아이디어가 나오는 경로는 매우 다양하다. 하지만 중요한 점은 관찰이든, 사람이든, 기술이든, 전문적인 지식이든 '필요성'이 있어야 한다는 것이다. 필요해야만 그 제품·서비스를 사용할 것이고, 그것이 많은 사람의 필요를 충족시켜야 좋은 사업으로 이어질 수 있다. 아무도 필요하지 않은 제품·서비스를 기술, 전문적 지식 등이 있다는 이유만으로 시작한다면 제품·서비스가 출시된 이후에도 아무런 반응이 없을 것이다.

아이디어라고
다 같은 것은 아니다

최근 피부에 붙이는 디스플레이가 개발됐다는 뉴스가 보도됐다. 이 뉴스를 본 사람들은 다들 신기하다며 우리나라의 기술력을 놀라워했다. 피부에 붙이는 디스플레이가 제품화되면 스마트폰을 들고 다니거나 시계를 차고 다닐 필요가 없게 될 것이다. 이처럼 아이디어가 가치 있고, 유용하고, 새롭다면 혁신적인 아이디어, 가치 있고 유용하지만 기존에 있던 것이라면 개선적·진보적인 아이디어, 새롭기는 하지만 가치가 없거나 유용하지 않다면 발명 또는 개발하는 데 의의가 있는 아이디어에 속한다. 반면 아이디어가 새롭지도 않고, 유용하지도 않고, 가치도 없다면 아이디어라고 말하기 어렵다.

사업을 위한 아이디어는 이 중 혁신적인 아이디어 또는 개선적·진보적 아이디어에 속한다. 혁신적인 아이디어는 이해가 되는데 개선적·진보적 아이디어도 사업 아이디어에 속한다고 하니 다소 의아해 할 수도 있다. 하지만 대부분의 창업 아이디어는 개선적·진보적 아이디어에서 나온다. 혁신적인 아이디어를 발견한다면 더할 나위 없이 좋겠지만, 세상에 없던 제품·서비스를 개발하는 것은 쉽지 않을 뿐 아니라 시장이 존재하지도 않을 가능성이 높다. 시장을 새롭게 개척해 나가야 하는 프런티어가 돼야 하기 때문이다.

애플의 스티브잡스는 아이폰을 이용해 새로운 시장을 개척했지만, 모두가 스티브잡스가 될 수도 없고, 그럴 필요도 없다. 전 세계적으로 반값 할인 쿠폰의 돌풍을 일으켰던 소셜커머스 플랫폼인 '그루폰'은 프런티어로 시장을 개척했지만, 결국 후발주자인 티몬과 쿠팡에 발목을 잡혔고, 지

'자비스앤빌런즈' 김범섭 대표. 벤스터를 론칭했을 당시 모습

금은 소셜커머스 자체가 사라진 지 오래다.

　반면 대부분의 스타트업들은 개선적·진보적 아이디어로 창업한다. 기존에 존재하는 시장 중에서도 크기가 큰 시장에 기존 시장에서 해결하지 못하고 있는 부분을 개선시키는 아이디어로 진입하는 것이다. '자비스앤빌런즈'의 김범섭 대표는 아르바이트생이나 프리랜서들이 세무사의 도움을 받기 어렵다는 점에 착안해 종합 소득세 미수령 환급금을 찾아 주는 서비스인 '삼쩜삼'을 만들었다. '삼쩜삼'이 나오기 전에는 명함은 정리하기 어렵고, 기존 명함 정리 앱들이 오류가 많다는 점에 착안해 명함을 사진으로 찍어 보내면 리멤버의 직원들이 직접 입력해 주는 '리멤버'라는 서비스와 회사에서 영수증을 정리하는 업무가 불편하다는 점에 착안해 영수증을 사진으로 찍어 올리면 자동으로 기장해 주는 '자비스'라는 서비스도 만들었다.

김범섭 대표를 만난 건 필자가 '벤스터'라는 벤처 구인·구직 도우미 서비스를 론칭했을 즈음이다. 그는 기존 채용 시장은 대기업 위주로 돼 있어서 스타트업은 구인·구직을 하기 어려운 상황이라는 점에 착안해 스타트업 전문 구인·구직 서비스인 '벤스터'를 만들었다. 벤스터에 관한 이야기는 필자가 쓴 '스타트업 구인구직의 모든 것, 벤스터(Venstar)'(https://platum.kr/archives/3289)를 참고하기 바란다.[3] 김범섭 대표가 만든 서비스인 벤스터, 리멤버, 자비스, 삼쩜삼을 보면 모두 기존에 있던 시장에서 불편하거나 필요한 부분을 개선 및 진보시킨 아이디어라는 것을 알 수 있다.

나의 아이디어가 혁신적인지, 개선적·진보적인지, 그냥 발명 또는 개발에 불과한 것인지 한 번쯤 자문해 보면 창업하는 데 많은 도움이 될 것이다.

---

3   "[Startup's Story #2] 스타트업 구인구직의 모든 것, 벤스터(Venstar)"

좋은 아이디어는
좋은 팀을 구축하는 데서 나온다

김범섭 대표가 만든 벤스터는 스타트업의 팀 빌딩에 꼭 필요했던 서비스였다. 팀 빌딩은 스타트업에 정말 중요하다. 혼자서 할 수 없다면 누군가와 같이 해야 하고, 그 누군가가 어떤 사람이냐에 따라 배가 산으로 갈 수도 있고, 로켓을 탈 수도 있기 때문이다. 스타트업이 실패하는 이유 중 3위 안에 드는 것이 바로 팀원 구성에 관한 문제다. 그만큼 팀 빌딩은 어렵기도 하고, 중요하기도 하다.

팀이 가장 많이 깨지는 구간은 바로 '사업화 전 단계'다. 투자를 받거나 사업을 본격적인 궤도에 올려놓으려면 법인을 만들어야 한다. 법인을 만들어야 하는 시점에서는 지분 문제가 많이 나타난다. 실제로 법인화 단계에서 지분 문제로 깨진 팀들이 많다. tvN에서 방영됐던 〈스타트업〉이라는 드라마에서도 지분 문제로 다투는 모습이 나온다. 팀원과는 지분을 어떻게 나누는 것이 좋을까? 정해진 답은 없지만 지분율은 경영권에 영향을 미치기 때문에 쉽게 나눌 수는 없다.

  3% - 위법 행위 감시 및 통제

  25% - 단독 출석 시 보통 결의 사항 통과 가능

  33.4% - 단독 출석 시 특별 결의 사항 통과 가능

  50% + 1주 - 보통 결의 사항 통과 가능

  66.7% - 특별 결의 사항 통과 가능

  100% - 1인 회사

지분을 어느 정도 갖고 있느냐에 따라 경영에 참여할 수 있는 범위가 결정되고, 지분율 2, 3인자의 합이 1인자를 넘어서면 대표이사가 쫓겨날 수도 있다. 투자를 받으면 지분이 희석되기 때문에 최종 IPO까지 시뮬레이션할 때 대표가 최초 80% 정도의 지분은 갖고 있어야 IPO 시 35% 정도의 지분으로 희석돼 경영권을 유지할 수 있다. 예를 들어 법인화 단계에서 5명이 팀 빌딩돼 있는 상태라면 1명이 80%의 지분을 갖고, 나머지 4명이 20%를 5%씩 나눠 가져야 한다는 이야기다. 대표는 이를 설득할 수 있어야 하고, 설득에 실패하면 팀은 깨지게 된다.

삼국지에서 유비가 제갈량을 얻기 위해 삼고초려했다는 이야기가 팀 빌딩에 관련된 대표적인 사례라고 할 수 있다. '탈잉'의 김윤환 대표는 팀 빌딩에 개발자가 꼭 필요한 상황인데, 구성된 멤버들이 경영학과 출신만 있어서 이사의 군대 동기인 개발자를 삼고초려 끝에 모셔왔다고 한다.[4]

사업을 진행하는 데 필요한 사람을 팀으로 만드는 것은 대표의 역할 중 하나다. 팀 빌딩 시 가장 흔히 저지르는 실수 중 하나는 같은 분야의 사람들만으로 구성하는 것이다. 주로 친구나 지인과 함께 창업을 할 때 이런 실수를 범하게 된다.

팀 빌딩을 할 때는 전문 분야에 정통한 사람을 팀원으로 영입해 최소의 인력으로 최대의 결과물을 낼 수 있도록 해야 한다. 팀 빌딩을 하는 이유는 회사를 빠르게 성장시켜야 하기 때문이다. 자본금이 많다면 모두 고용하면 되겠지만, 대다수의 스타트업이 자본금이 적기 때문에 지분을 나눠 팀을 구축한다. 따라서 팀 빌딩을 할 때는 더욱 신중해야 한다.

우리가 만들고자 하는 서비스가 모바일 게임 애플리케이션인데, 프로그래밍도 할 줄 모르는 마케터 5명이 의기투합해 만들겠다고 하면 과연 사업이 잘 진행될 수 있을까? 이때 필요한 구성원은 개발자, 디자이너, 기획자

---

4 "[아산나눔재단/MARU180] 세상의 모든 재능을 연결해 보자! '탈잉' 김윤환 대표 인터뷰"

개발자를 위한 스타트업

필자가 직접 참여한 2박 3일 프로그램인 스타트업 위크엔드. '해커톤'이나 '청년창업 U300'과 같은 교육 프로그램에 참여하면 좋은 팀원을 구할 수 있다.

일 것이다. 기획자는 개발자, 디자이너와 원활하게 소통해야 하고, 모든 구성원이 모바일 게임에 정통해야 한다. 전자의 마케터 5명으로 구성된 팀과 후자의 모바일 게임에 정통한 개발자, 디자이너, 기획자로 구성된 팀 중 어느 팀이 더 좋은 결과를 낼 수 있을까? 내가 투자자라면 어느 팀에 투자할 것인가? 당연히 후자일 것이다.

팀 빌딩은 투자에도 많은 영향을 미친다. 투자자들은 아이디어보다 팀 구성을 더욱 중요하게 여긴다. 사업을 할 때는 아이디어가 중요하다고 생각하는 사람이 많지만, 실제 사업을 해 본 사람은 아이디어보다 중요한 것이 많다는 것을 알고 있다. 그중 하나가 '팀 빌딩'이다. 아이디어는 언제든 바꿀 수 있지만, 팀 빌딩은 쉽게 바꿀 수 없기 때문이다.

좋은 팀을 만들기 위해서는 우선 좋은 사람을 찾아야 한다. 가장 편리한 방법은 지인 중에서 찾아보거나 지인에게 소개받는 것이다. 하지만 이 방법의 단점은 팀 빌딩의 결과가 좋지 않으면 개인적인 관계가 끊어질 수 있다는 것이다. 친구나 가족과는 절대로 동업하지 말라는 이야기가 있는데, 필자는 이 2가지 방법을 모두 경험했다. 필자는 2003년에 친구이자 가족인 친척과 함께 창업했다. 사업이 잘 진행되긴 했지만, 결국 3년 후에 폐업을 하게 됐다. 폐업을 한 이후 지금까지 연락을 끊고 지내고 있다. 이러한 경험을 하고 나니 주변에서 가족이나 친구와 사업을 하겠다고 하면 말리는 편이다.

개인적으로 추천하는 방법은 해커톤 같은 곳에 참여해 보는 것이다. 보통 2박 3일 정도로 진행되는 해커톤은 주어진 시간 내에 아이디어 피칭, 팀 빌딩, 프로토타입을 만들어 발표하는 프로그램이다. 보통 개발자, 디자이너, 기획자로 구분해 모집을 한다. 서로 모르는 사이지만 마음에 드는 아이디어에 지원해 팀 빌딩을 한 후 서비스를 프런트 정도까지 완성시킨다. 그런 다음 최종 피칭 자료까지 만들어 실제 투자자나 심사위원 앞에서 발표를 한다. 필자도 '스타트업 위크엔드'라는 2박 3일짜리 프로그램에 기획자로 참여한 적이 있는데, 당시 거의 무박 3일로 서비스를 만들었고, 그로인해 팀원들과 쉽게 친해질 수 있었다. 같은 팀이었던 일본 출신 개발자와 디자이너를 알게 돼 프로젝트 후에 '핸즈업'이라는 컨퍼런스 질의응답 앱을 만들어 사업화 전 단계까지 진행해 본 경험도 있다. 거리상의 문제로 사업화까지 이뤄지진 않았지만, 개발자 인맥이 전혀 없는 필자에게 좋은 경험이었다. 같은 팀의 다른 멤버들도 프로젝트 이후 실제 창업을 하기도 했고, 다른 팀들도 팀 빌딩을 위한 멤버들을 찾아 창업을 하기도 했다.

제갈량이 유비와 함께한 이유는 유비에게 사람의 마음을 움직이는 뭔가가 있었기 때문이다. 단순히 지분이나 인센티브가 아닌, 같은 비전을 품고 험난한 여정을 헤쳐 나갈 전우를 구한다는 생각으로 팀 빌딩을 한다면 분명 좋은 팀원을 만날 수 있을 것이다.

Q 자기 소개 부탁드립니다.

A 저는 이제 올해로 9년차 되는 변호사입니다. 저는 스타트업 같은 기업들의 자문을 담당하고 있습니다. 주 고객층은 IT나 스타트업처럼 새로운 일을 하시는 분들입니다. 저희는 그분들이 소송으로 가기 전에 예방적 차원에서 자문을 하고 있습니다.

Q 스타트업에서 법률 자문을 많이 한다고 하셨는데, 주로 어떤 문의가 많이 오나요?

A 스타트업의 고민은 정말 다양해요. 왜냐하면 잘 모르기 때문이죠. 법률은 전문 분야이다 보니 이해가 부족할 수밖에 없죠. 주로 사업자등록과 같은 것들이 있는데 순위를 매겨 보면 계약이 가장 많습니다. 계약서를 어떻게 써야 하는지, 계약서가 어떤 의미를 갖는지, 계약서를 잘못 써서 소송이 발생했을 때는 어떻게 해야 하는지, 거래를 할 때 계약서가 어떤 효력이 있는지를 알고 있는 분이 많지 않아요. 이런 사항들을 모르면 나중에 후회할 수밖에 없는 상황이 발생하죠.

Q IT 분야나 개발자분들은 어떤 문제로 문의를 많이 하나요?

A 우선 개발을 맡게 됐을 때 어떻게 하면 분쟁의 소재가 없는지에 관한 문의가 가장 많습니다. 다시 말해서 어떻게 하면 법적인 책임을 면할 수 있는지에 가장 많은 관심이 있지요. 특히 개발자분들은 계약서를 어떻게 써야 책임을 면할 수 있는지, 책임 범위는 어떻게 정해야 하는지를 궁금해하고, 개발자분들은 법률적인 부분들을 궁금해하십니다. 약관이나 개인 정보도 개발과 연결돼 있으니까요. 개발이 돼야 회원 가입도 가능하고 개인 정보 수집도 가능하기 때문이죠.

Q 스타트업이 팀 빌딩을 할 때 팀원들과 지분 때문에 많이 싸우는데 이럴 때는 어떻게 대처하는 것이 좋을까요?

A 지분의 기준은 정해진 것이 없어요. 지분을 정할 때는 비즈니스 모델을 실제로 구현시키고 성장시키는 데 어떤 역할을 하는지가 중요해요. 이 역할은 제3자가 아니라 주주인 공동 창업자와 잘 논의하셔야 해요. 보통 대표가 지분을 70 정도 갖고 그 나머지인 30으로 지분을 배분하죠. 상황이 이렇다보니 이면 계약도 많이 하게 되죠. 특히 투자를 받을 때 이런 문제가 많이 발생합니다. 대표이기 때문에 지분을 많이 갖는 것이 아니라 어떤 역할을 어떻게 했는지가 지분을 나누는 기준이 돼야 합니다. 보통 아이디어를 낸 분들이 대표가 되는 경우가 많기 때문에 대표님들이 50% 이상 가져가는 경우가 많고, 어떤 분들은 1/N로 하기도 하는데, 중요한 점은 공동 창업자들이 납득할 만한 수준의 지분을 나눠야 한다는 거죠. 누구 한 명만 만족하면 나중에 분명히 문제가 생겨요.

그리고 지분율을 갖고 각자 주주가 되는 것이기 때문에 주주 간 계약서와 동업 계약서를 반드시 쓰셔야 해요. 이 점이 매우 중요해요. 나눠 가진 주식도 잘 보유하고 있어야 하고, 역할 분담을 잘해서 운영해야 하는

데 나중에 투자를 받을 때 사이가 나빠져 한 명이 나가 버리면 연락이 잘 안 되어 문제가 되기도 해요. 결국 법인을 없애고 다시 만들 때도 있어요. 나간 분도 문제가 되지만 나간 분이 주식을 제3자에게 양도하면 전혀 관계없는 사람이 들어오게 되는데, 투자자의 입장에서 이 사람의 지분을 정리하지 않으면 투자하기가 어렵게 되죠. 실제로 이런 문제가 발생해서 투자를 받지 못하는 경우도 있어요. 이름만 대면 알 만한 VC에서 투자 기회를 얻었는데, 동업자분이 지분을 정리해 주지 않아서 결국 투자를 못 받은 경우가 있어요.

Q 시드나 엔젤투자를 받을 때 조심해야 하는 부분에는 무엇이 있나요?

A 처음 투자를 받는 것이라면 무조건 전문가의 조언을 받아야 한다고 생각해요. 이후에도 계속 투자를 받게 될 텐데 첫 투자를 할 때 계약서의 내용을 잘 이해하지 못하면 그 상태에서 계속 투자를 받게 되고, 나중에 투자자와 관계가 나빠졌을 경우 투자자에게 계약서상의 위반을 근거로 위약금을 물게 될 수도 있거든요. 투자자가 이렇게까지 관여해야 하는지 의문이 드는 경우도 있는데, 적정 수준이 아니라면 사전에 조율을 해야 해요. 투자금을 어디에, 어떻게 쓸 것인지에 대해서도 잘 기록해야 합니다.

Q 변호사님은 어떤 계기로 창업을 하게 되셨나요?

A 회사를 다니다가 퇴직을 하고 동료들과 함께 법무법인을 시작하게 됐는데, 함께 창업을 하면 잘할 수 있을 것 같았어요. 하지만 예상과 달리 시너지가 나지 않았어요. 결국 개인 변호사 경력에도 도움이 안 되고 업무를 수행하기도 점점 어려워져서 창업을 선택하게 됐어요.

스타트업 맞춤형 법률 서비스 '로핏(Lawfit)'

Q 스타트업에 관련된 법률 자문을 하게 된 이유는 무엇인가요?

A 변호사를 시작한 초기에 선배분의 강의를 대신해 줄 일이 있었는데, 그 강의가 스타트업 강의였어요. 강의를 하면서 스타트업분들이 당연한 것들도 모르는 것을 알고 놀란 적이 있었어요. 이후 '스타트업처럼 창업을 했으면 좋겠다.'라는 생각이 들어서 도전했어요. 제가 스타트업 쪽에서 일을 하고 싶다고 했을 때 다들 의아해하는 눈치였는데, 최근에는 스타트업이 핫한 분야다보니 많이 창업하시는 것 같아요.

Q 창업 후 힘든 점들이 많았을 것 같아요. 어떤 게 가장 힘들었나요?

A 저도 지분 때문에 힘들었어요. 공동 창업자는 아는 사이일 수밖에 없는데, 친구로 볼 때와 비즈니스 파트너로서 볼 때가 너무 달라요. 일이 잘못 되더라도 쉽게 이야기하기 어렵죠. 그리고 지분에 대해 깊이 있게 논의해 보지 않아서 문제가 발생하기도 했죠.

Q 창업하길 잘했다고 생각하는 순간은 언제인가요?

A 창업에 성공했느냐, 실패했느냐를 떠나서 내가 생각한 것에 도전해 본다는 것에 의미가 있는 것 같아요. 창업을 하면 많은 사람을 만나게 되는데, 저와 같은 경우에는 법무법인에 있었을 때보다 변호사를 만나기가 정말 어려웠어요. 지금은 법조인이 아닌 분야의 대표님들을 만나는 횟수가 훨씬 더 많아요. 제 분야도 물론 좋아하지만 제 분야 외적인 부분을 알아가는 재미도 있다고 생각해요. 창업이라는 게 생존의 문제도 있지만 앞으로 살아갈 비전과도 연결돼 있다고 생각하기 때문에 창업할 마음이 있다면 한번 도전해 보시길 바랍니다.

Q 변호사님에게 법률 자문을 받으려면 어떻게 해야 하나요?

A 로핏 홈페이지(https://lawfit.kr)나 유튜브, 카카오톡을 이용해 문의하시면 돼요.

Q 법인 등기를 쉽게 할 수 있는 서비스를 만들고 있다고 들었는데, 소개 부탁드립니다.

A 법인 등기는 스타트업도 피해갈 수 없는 부분이기도 해요. 개인 사업자로 계속 남아 있을 수 없어요. 투자도 받아야 하고, 성장하면 매출도 많이 발생하기 때문에 세금 때문이라도 법인으로 넘어갈 수밖에 없어요. 법인으로 넘어갈 때는 법인 설립도 해야 하고, 법인 등기도 해야 하는데 이때 불필요한 시간이나 비용을 줄여 드리는 것이 좋다고 생각했어요. 불편함을 해소하고 비용도 획기적으로 낮추기 위해 문서를 자동으로 생성해 등기를 손쉽게 할 수 있도록 했어요. 이외에도 등기를 잘 관리할 수 있는 '등기맵'이라는 서비스도 만들고 있습니다. '등기맵'은 등기를 언제, 어떻게 해야 하는지 모르시는 분들을 위한 서비스입니다. 해당 지도를 클릭하면 그 지도에 맞는 등기를 할 수 있어요. 법인을 설립할 때나 변호사나 직원과 통화할 때 용어를 이해하기 어려운 경우가 있는데, 가이드나 Q&A를 이용하면 혼자서도 등기를 할 수 있습니다.

Q 창업을 준비하는 예비 창업자분들에게 해 주고 싶은 이야기는 무엇인가요?

A 한달에 평균 10개 스타트업은 만나는 것 같아요. 기본적으로 스타트업이라도 기업이고, 기업은 비즈니스를 하는 곳이라는 것을 아셨으면 좋겠어요. 초기 단계라 하더라도 시스템을 구축해 놓는 것을 권해드립니다. 대기업은 아니지만 각 부서에 관한 역할을 생각하면서 시스템을 만들어 두지 않으면 나중에 많은 시간을 허비할 것 같아요.

PART

03

공감하는
문제 찾기

필자는 '백종원의 골목식당'을 즐겨본다. 백종원 대표는 "자신이 만능은 아니지만, 대중적인 입맛에 가깝게 맞췄기 때문에 솔루션을 줄 수 있다."라고 이야기한다. 그는 사람들의 입맛은 '마름모꼴'이라고 말한다. 매우 적은 사람이 공감하는 입맛은 아래, 위의 양 꼭지점에 분포돼 있고, 가장 대중적인 입맛은 마름모의 가장 넓은 부분인 중간 부분에 분포돼 있다. 자신의 입맛을 대중의 입맛에 최대한 가깝게 만들어 놓았기 때문에 자기 입맛에 맞으면 대중적인 음식이 된다는 것이다.

입맛은 실제로 측정할 수 없기 때문에 정말 그런지는 알 수 없다. 하지만 그가 입맛을 대중적인 입맛에 맞추기 위해 노력하고 있다는 것은 알 수 있다. 그가 고급 레스토랑의 음식보다 길거리 음식을 즐기는 이유도 이 때문이다. 백종원 대표는 자신은 '요리사'가 아니라 '요리연구가'라고 표현한다. 그는 사업가다. 사업을 하는 사람의 기본 마인드는 '대중의 공감'이다.

대중에게 공감받는 제품·서비스를 만들어야 대중에게 판매할 수 있다. 창업을 고려하는 예비 창업자라면 백종원 대표처럼 많은 사람이 공감하는 문제를 찾으려고 노력해야 한다. 그렇다면 공감이란 무엇일까? 제러미 리프킨(Jeremy Rifkin)은 "공감은 관찰자가 기꺼이 다른 사람의 경험의 일부가 돼 그들의 경험에 관한 느낌을 공유하는 것"이라고 말한다. 즉, 다른 사람의 입장이 돼서 그것이 진짜 문제인지 아닌지를 느껴봐야 한다는 것이다.

나만 느끼는 문제라면 나에게만 팔 수 있다. 나뿐 아니라 다른 사람이 공감하거나 나는 아니더라도 다른 사람이 공감하는 문제 속에 기회가 있다. 나만 느끼는 문제보다 더 심각한 것은 내가 만들고 싶어서 만드는 경우다. 아무런 공감대가 형성돼 있지 않으면 그 누구에게도 팔 수 없다. 산업혁명 시대에는 공급이 수요를 따라가지 못했기 때문에 만들기만 하면 모두 팔렸다. 산업 혁명 시대는 18세기부터 19세기까지다. 이 당시에는 제품의 개발이 중요했다.

하지만 200년이 지난 지금은 수요보다 공급이 더 많은 공급 과잉의 시대이기 때문에 '제품 개발'보다 '고객 개발'이 더 중요하다. 많은 사람이 공감하는 문제를 찾는 것이 성공적인 사업의 시작점이다.

문제와 아이디어

문제와 답 중 어느 것이 더 중요할까? 우리는 12년 동안 초·중·고등 교육을 받으면서 문제에 관한 답을 강요받았다. 어떻게 하면 더 빨리 답을 찾는지, 정확하게 찾는지를 배운 것이다. 문제만 보면 자동으로 답을 말할 수 있도록 훈련됐다. 그래서인지는 몰라도 답은 잘 찾는데 문제는 잘 못 찾는다. 하지만 사업은 답보다 문제가 훨씬 더 중요하다. 잘못된 문제는 잘못된 답을 낸다. 잘못된 문제로 아무리 씨름해 봤자 잘못된 답이 나올 뿐이다. 문제를 정의하고, 올바른 문제를 찾아내는 것이 사업 아이디어의 기본이자 핵심이다.

우선 무엇이, 누구에게 문제인지 질문해야 한다. 누가 어떤 문제를 어떻게 겪고 있는지 정의해야 한다. 예를 들어 마사지 기계는 어떻게 생겨났을까? 기계가 없었을 때는 사람이 직접 마사지를 했다. 마사지사를 부르거나 마사지샵에 가야 마사지를 받을 수 있었고, 전문가가 아닌 사람이 마사지를 하면 오히려 아프기만 할 뿐이었다. 이런 문제에 많은 사람이 공감하고 있었고, 이 문제를 발견한 사람이 마사지 기계를 솔루션으로 만들어낸 것이다.

교통카드는 왜 생겨났을까? 교통카드가 있기 전에는 현금을 사용했다. 현금을 항상 갖고 다녀야 했고, 버스나 지하철에서는 잔돈을 거슬러 줘야 했다. 많은 사람이 불편을 느꼈고, 이러한 문제에 공감했다. 교통카드가 나오자 현금을 갖고 다닐 필요가 없어졌고, 충전만 하면 잔돈을 거슬러 받을 필요도 없어졌다. 심지어 교통카드를 들고 다니기 싫어서 스마트폰 안에 넣어서 다니기도 한다.

사람들이 겪는 고충이 무엇인지 파악하고, 그것이 얼마나 많은 사람이

답을 찾는 것보다 문제를 찾는 것이 더 어렵다.

공감하는 문제인지를 파악하면 좋은 사업 아이디어를 도출할 수 있다. 문제의 크기는 가격을 결정하고, 문제의 범위는 시장을 결정하기 때문이다. 사람들이 겪는 불편함에 주목해야 한다. 불편한 문제는 곧 가치로 교환되기 때문이다.

만약 감기에 걸렸다고 가정해 보자. 감기약을 사려고 약국에 갔는데 감기약 한 알에 1,000만 원이라고 하면 구매하겠는가? 아마 구매하지 않을 것이다. 감기는 보통 며칠 쉬거나 레몬과 같은 비타민 C를 섭취하면 금방 낫기 때문이다.

이번에는 암에 걸렸다고 가정해 보자. 말기 암이어서 몇 개월밖에 살지 못한다고 한다. 그런데 의사가 말하길 A라는 약을 먹으면 암이 깨끗하게 사라지는데 가격은 10억 원이라고 한다. 당신이라면 이 약을 구매하겠는가? 내 삶의 가치가 10억 원 미만이라 생각한다면 이번 생은 여기까지라 생각하고 생을 마감할 수도 있겠지만, 내 삶의 가치가 10억 원 이상이라고 생각한다면 수단과 방법을 가리지 않고 약을 사먹을 것이다.

물론 극단적인 예이긴 하지만, 문제의 크기가 가치의 크기를 만들어내고, 그것이 곧 재화로 치환된다는 것을 쉽게 이해했을 것이다. 문제의 크기가 클수록 더 큰 가치를 느끼게 되고, 그 가치는 돈으로 환산된다. 10이라는 문제에 대해서는 10이라는 크기의 돈을 지불한다. 보통 100이라는 문제에 10 정도 되는 돈을 지불하면 가성비가 있다고 이야기하고, 10이라는 문제에 100 정도의 돈을 요구하면 아무도 구매하지 않는다.

문제의 크기는 사람마다 다르게 느낀다. 키보드의 타격감을 중요시하는 사람은 100만 원짜리 기계식 키보드를 구매하지만, 중요시하지 않는 사람은 2만 원짜리 키보드를 구매한다. 누가 어떤 문제를 어떤 상황에서 얼마만큼 느끼는지를 정의하는 것이 곧 사업 기회이고, 사업 아이디어다.

문제에 기반을 둔
아이디어 사례

건축학 교수인 안데르 빌헬손(Anders Wilhelmson)은 학생들과 함께 인도를 답사하는 도중 뭄바이의 슬럼가를 지나게 된다. 그는 이곳에서 만난 여인과 이야기를 나누다가 문제를 발견하게 됐다. 그 슬럼가에는 500명이 살고 있었는데 화장실이 1개밖에 없어서 많은 문제가 발생하고 있었다. 대소변을 참다보니 신장 결석이나 변비에 걸린 사람이 많았고, 길거리에 볼 일을 보는 사람이 많아서 위생 상태가 좋지 않았으며, 여성을 대상으로 한 성범죄도 많이 발생하고 있었다. 또한 하수 시설이 제대로 갖춰지지 않았기 때문에 비가 많이 와서 물이 범람하는 날에는 오물들이 쓸려내려오기도 하고 이로 인해 질병이 발생하는 악순환에 빠지게 됐다.

이 이야기를 들은 그는 에코바이오 소재로 된 봉투를 개발했다. 이 깔때기 모양의 내지 봉투 안에는 대소변을 화학적으로 분해하는 요소 분말이 담겨 있었다. 이 봉투 가격은 1개당 3센트이고, 이 봉투를 수거 시설에 가져다 주면 1센트를 돌려 줬다. 그리고 회수된 봉투는 화학적으로 분해해 거름으로 사용했고, 봉투는 수거 시설에서 판매해 지역 사업화하고 일자리도 창출했다. 그는 이 'Peepoo'라는 서비스로 'Peepoople'이라는 회사를 만들었고, 현재 아프리카 케냐, 콩고, 파키스탄, 방글라데시, 시리아 등 10여 개의 국가에 도입돼 많은 사람의 문제를 해결해 주고 있다.

2014년 창업해 2021년 현재까지 274억 원의 투자를 받은 '토스랩'은 기업용 메신저인 '잔디'를 운영하고 있다. '토스랩'의 김대현 대표는 기업 내에서 정보가 공유되지 않는 문제와 커뮤니케이션이 원활하지 않은 문제를 발견했다.

Peepoo 홈페이지(http://www.peepoople.com)

　끝이 없는 이메일 쓰레드는 혼돈을 일으키고 의사소통에 지장을 초래하기도 한다. 이메일은 비동기 커뮤니케이션 도구이기 때문에 상대방이 회신을 보낼 때까지 마냥 기다릴 수밖에 없다. 대기업은 이런 문제를 해결하기 위해 사내 메신저를 활용한다. 사내 메신저는 내부 커뮤니케이션은 가능하지만, 외부와는 다시 이메일로 커뮤니케이션해야 한다. 토스랩은 이런 문제점을 해결하기 위해 '잔디'라는 클라우드 기반의 기업용 메신저를 만들었다. 잔디는 단순히 메신저의 기능만 하는 것이 아니라 보안을 강화하고 주고받는 파일의 관리 기간도 1T까지 기한 제한 없이 사용할 수 있다.

　기존에도 이와 비슷한 경쟁업체들이 있었다. 대표적인 곳이 '슬랙'이었

잔디 홈페이지(https://www.jandi.com)

다. '슬랙'은 글로벌 서비스로, 잔디와 같이 기업용 메신저로 활용되고 있었지만, 영어로만 서비스 되고 있었기 때문에 언어가 다른 우리나라에서는 사용하기 불편했다. 모든 조직이 사용해야 하기 때문에 한 사람만 익숙해서는 안 되고 모두가 쉽게 접근할 수 있어야 한다는 점에 착안해 한국어에 최적화된 애플리케이션을 만들었다. 또한 주변 아시아 국가에서도 이와 비슷한 문제를 겪고 있다는 사실을 알고 대만, 일본 등 아시아로도 확장해 나가고 있다.

락인컴퍼니의 '리앱'은 클라우드 기술 기반의 보안 및 암호화 분야에서 API/SDK 형태로 제공하는 서비스다. 락인컴퍼니를 만든 최명규 대표는 개발자로서 네오위즈에서 게임 보안을 담당했다. 퇴사 후 애플리케이션을 만드는 스타트업에 보안 개발자 인력이 부족해 보안 이슈가 계속 발생한다는 것에 착안해 '리앱'을 만들었다. 2명 이상이 경쟁하는 랭킹이 존재하면 보안에 관한 이슈가 생길 수밖에 없고, 이를 위해 보안 개발 인력을 배치해야 하는데 스타트업에게는 보안 인력을 따로 두기에는 부담스러운 부분이 있다. 리앱은 SDK 파일을 그대로 업로드하면 보안이 자동으로 패치

락인컴퍼니 리앱 홈페이지(https://liapp.lockincomp.com/)

되는 월정액 서비스다. 리앱은 주로 게임 애플리케이션에서 많이 사용하고 있다. 보안이 필요한 앱일 경우, 리앱을 활용하면 개발 인력을 구하지 않고서도 보안을 해결할 수 있다.

이처럼 창업 아이디어는 문제에 기반을 두고 있다. 고객이 어떤 문제를 갖고 있는지, 그 문제의 크기는 어떤지에 따라 좋은 아이디어인지 아닌지가 나뉜다. 사업이 진행될수록 고객의 니즈가 무엇인지, 문제가 무엇인지에 더욱 집중할 수밖에 없다. 결국 중요한 것은 고객이기 때문이다.

아이디어를 도출하기 위한
디자인 씽킹

디자인(Design)은 기존 부호(Sign)의 부정 또는 분해(De)를 의미하고, 디자인 씽킹은 1가지 사안을 관찰과 공감을 이용해 사용자 중심으로 분해, 해석함으로써 숨겨진 문제나 니즈를 발견하고, 최적의 솔루션을 만들어내는 것을 의미한다. 디자인 씽킹은 디자이너들이 무엇인가를 디자인하면서 문제를 풀어 나가던 방법에서 비롯된 것으로, 1978년에 창립된 'IDEO'에서 소개했다. 이후 스탠퍼드대학에 디자인 스쿨인 'D 스쿨'이 만들어지면서 널리 알려지게 됐다.

디자인 씽킹은 크게 '수렴(집중적 사고)'과 '분산(확산적 사고)'으로 나뉜다. 이는 하나의 문제를 다각도로 바라보면서 생각을 확산하고, 여러 선택지 중 필요한 것들을 수렴(집중)해 나가는 방식이다. 한편 디자인 씽킹의 문제 해결 과정은 공감하기(Empthize), 문제 정의하기(Define), 아이디어 제시하기(Ideate), 시제품 만들기(Prototype), 테스트하기(Test)로 나뉜다. 이 과정에서 철저하게 사용자 중심으로 생각하며 수렴과 분산을 이용해 창의적인 아이디어를 도출해내는 것이 디자인 씽킹의 핵심이다.

필자는 20살 때 아프리카 케냐에 의료 봉사를 가서 마사이 부족과 한 달간 함께 지낸 적이 있다. 마사이 부족은 유목민이라 물을 찾아 이동하는데, 물을 길어 오는 것은 여성과 아이들의 몫이었다. 먼 거리까지 물을 길으러 가서 머리에 이고 오기 때문에 각종 질병에 시달렸다. 마사이 부족뿐 아니라 아프리카의 여러 종족이 이와 비슷한 문제를 갖고 있다. 물이 부족한 아프리카에서 물을 길어 오기 위해 20kg의 물을 머리에 이고 다니면 척추와 목에 무리가 가는 것은 물론, 탈모도 올 수 있다. 물이 부족하니 탈수

증이 생기고, 위생도 좋지 않아 간단한 상처가 심각한 상처가 되기도 한다.

남아프리카의 엔지니어인 페티 펫저(Pettie Petzer)와 조한 존커(Johan Jonker)는 이 문제를 해결하기 위해 디자인 씽킹으로 'Hippo Water Roller'를 만들었다. 이는 90리터의 물을 한 번에 운반할 수 있는 물통으로, 수레처럼 밀어서 운반하기 때문에 체감 무게는 10kg밖에 되지 않는다. 이 롤러 덕분에 평소보다 5배나 많은 양의 물을 운반할 수 있게 됐고, 위생까지 해결됐다. 농작물을 키울 여력도 생기고, 이로 인해 여유 시간이 많아지다 보니 삶의 질도 높아지고, 생산력도 증가했다. 무엇보다 남성들의 참여를 늘릴 수 있었다. 물 먹는 하마처럼 생긴 물통을 굴리며 이동하는 모습을 보고 흥미를 느낀 남성들이 참여하게 된 것이다. 이 아이디어는 더욱 확산돼 이동식 침대, 카트, 심지어 지뢰를 제거하는 데 활용되기도 했다.

문제 해결에 효과적인 디자인 씽킹은 '탐색'과 '테스트'로 시작한다. 어떤 문제가 있는지를 발견한 후 그 문제에 관한 가설을 설정하고 테스트를 한다. 그런 다음 테스트를 이용해 설정한 방향에 관련된 증거를 확보하고, 가설이 맞다는 증거들이 나오기 시작하면 어떻게 발전시킬 것인지를 비즈니스화할 수 있다. 디자인 씽킹의 과정은 불확실성과 리스크를 줄이는 데 있다. 고객 중심으로 생각함으로써 제품 중심 개발의 함정을 피하고자 하는 것이다.

아이디어를 도출하는 데는 '공감'이 필요하다. 아이디어의 대상인 사람을 관찰한 후 직접 그 사람이 돼 직접 경험해 보기도 하고, 실제로 이야기를 들어보는 것도 공감을 위한 방법이다.

공감을 위한 관찰은 AEIOU 관찰법을 참고하는 것이 좋다. 여기서 AEIOU는 활동(Activities), 환경(Environment), 상호 작용(Interaction), 사물(Objects), 사용자(User)의 약자다. 활동(Activities)은 무엇을 먹는지, 어떤 이야기를 하는지, 누구와 말하는지, 어떻게 움직이는지를 살펴보는 것이고,

디자인 씽킹으로 물통의 이동 문제를 해결한 'Hippo Water Roller'

환경(Environment)은 인터뷰 장소나 주변 환경, 조명, 디자인, 음악 등을 살펴보는 것이다. 상호 작용(Interaction)은 주변 사람은 누구인지, 어떤 사건이 있었는지, 사물에는 어떤 영향을 미치는지, 특이점은 무엇인지를 살펴보는 것이고, 사물(Objects)은 주변에 특이한 물건이 있는지, 재미있는 사물이 있는지, 장소와 어울리지 않는 것은 무엇인지 등을 살펴보는 것이다. 마지막으로 사용자(User)는 관찰 대상자이나 주변 사람은 어떤지, 옷차림은 어떤지, 평소에 어떤 물건을 사용하는지, 무엇을 먹는지, 표정이나 몸짓은 어떤지를 살펴보는 것이다.

　관찰을 활용하면 문제를 발견하고, 문제를 해결할 수 있는 아이디어를 도출해낼 수 있다. 아이디어 또한 확산 과정을 이용해 다양하게 만들어 볼 수 있다. 이때 유용한 방법으로는 스캠퍼(SCAMPER) 기법을 들 수 있다. 스캠퍼 기법은 문제를 정의하고, 문제를 분석해 대상의 현재 속성을 가능한 한 자세히 나눠 열거한다. 앞의 'Hippo Water Roller'를 예로 들면 '대체하기(Substitue)'는 무엇으로 이 아이디어를 바꿀 수 있는지를 묻는 것이고, '결합하기(Combine)'는 이 아이디어에 무엇을 결합시킬 수 있는지를 묻는 것이며, '적용하기(Adapt)'는 이 아이디어를 어떻게 조건에 맞도록 바꿀 수 있는지 묻는 것이다. 또한 '변형하기(Modify)'는 이 아이디어를 어떻게 확대하거나 축소해서 변형할 수 있는지를 묻는 것이고, '다른 용도로 사용하기(Put to Other Uses)'는 이 아이디어를 다른 용도로 사용할 수 있는지를 묻는 것이다. 이외에 '없애기(Elimilnate)'는 이 아이디어에서 무엇을 삭제할 수 있는지를 묻는 것이고, '거꾸로 하기(Reverse)'는 이 아이디어를 반대로 만들 수 있는지를 묻는 것이다.

앞에서 예로 든 'Hippo Water Roller'를 스캠퍼 기법으로 풀어 보면 다음과 같다.

- 대체하기 - 물통 대신 무엇을 사용할 수 있을까??
- 결합하기 - 물통에 무엇을 더하면 좋을까?
- 적용하기 - 물통과 비슷한 것에는 무엇이 있을까?
- 변형하기 - 색, 모양, 형태를 어떻게 바꾸는 것이 좋을까?
- 다른 용도로 사용하기 - 물통을 다른 용도로 사용하면 어떨까?
- 없애기 - 물통을 이고 가는 받침대를 제거하면 어떻게 될까?
- 거꾸로 하기 - 물통의 위아래를 옆으로 바꾸면 어떻게 될까?

디자인적 사고인 디자인 씽킹을 이용하면 문제에 기반을 둔 아이디어를 도출할 수 있고, 제품 중심이 아닌 사용자 중심의 제품·서비스를 개발할 수 있다. 여기서 중요한 점은 사용자와 공감하는 것이고, 대상자 경험의 일부가 돼 문제가 무엇인지를 살펴본 후 문제를 효과적으로 해결할 수 있는 여러 가지 방안을 생각해 보는 것이다.

개발자를 위한 스타트업

브레인스토밍

아이디어를 도출할 때 가장 많이 사용하는 방법이다. 브레인스토밍은 1953년 심리학자 오스본(A. F. Osborn)이 개발한 기법으로, 여러 명이 모여 머릿속에 있는 모든 아이디어를 가감 없이 쏟아내는 과정을 말한다. 이는 디자인 씽킹의 확산 과정에 속한다. 하나의 문제에 대해 생각해 본 후 각자 아이디어를 발표한다. 이때 주의해야 할 점은 다른 사람의 생각에 부정적인 의견을 제시하지 말아야 한다는 것이다. 창의적인 아이디어를 뽑아내는 과정이기 때문에 남의 의견을 비판해서는 안 된다. 룰을 정한 후에 회의를 시작하는 것이 좋다. 이와 반대로 다른 사람의 의견에 내 생각을 더해 긍정적인 시너지를 내는 것을 장려한다. 더 나은 아이디어로 발전할 수 있기 때문이다.

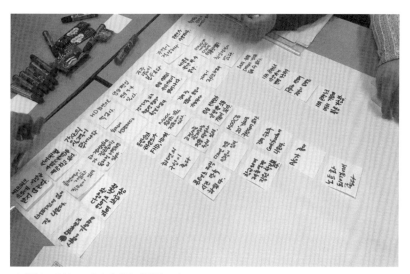

브레인스토밍으로 아이디어를 나열한 모습

다양한 관점으로 하나의 문제에 집중하면 좋은 아이디어가 나올 확률이 높아진다. 따라서 브레인스토밍을 할 때는 팀원 모두 참여하는 것이 좋다. 디자이너, 개발자, 기획자 모두 자신의 관점에서 문제에 관한 아이디어를 쏟아내기 시작하면 창의적인 아이디어가 나올 수 있다. 때로는 수긍할 수 없거나 현실에서 불가능하다고 생각되는 것들도 모두 수용해야 한다. 엉뚱하고 기발한 아이디어일수록 브레인스토밍의 효과는 커진다.

브레인스토밍의 최대 단점은 아이디어만 나열할 수 있다는 것이다. 확산이 있으면 수렴이 있어야 한다. 브레인스토밍은 아이디어의 발산에서 끝나는 것이 아니라 수렴하는 과정이 반드시 필요하다. 이를 위해서는 포스트잇을 사용하는 것이 좋다. 전지나 벽면에 핵심 문제에 관련된 키워드를 적은 후 브레인스토밍으로 나온 아이디어를 포스트잇에 적어 붙인다. 이때 포스트잇에는 두꺼운 마커펜을 이용해 키워드를 간결하게 적는 것이 좋다. 여러 아이디어를 한눈에 파악하고 분류할 수 있어야 하기 때문이다.

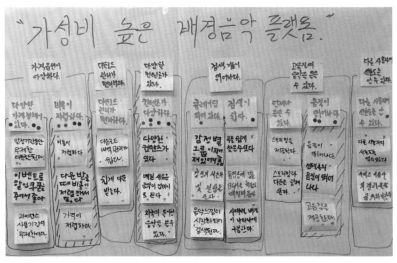

브레인스토밍으로 아이디어를 확산했다면 수렴하는 과정이 필요하다.

그다음으로는 이렇게 나온 아이디어들을 분류해 본다. 즉, 비슷한 내용끼리 합쳐 보는 것이다. 이렇게 분류된 아이디어를 그룹화해 일렬로 나열한 후 중복되는 아이디어는 합친다. 그룹의 상단에 아이디어 그룹의 이름을 정해 카테고리를 정해 보면 전체적인 아이디어를 어떤 키워드로 분류할 수 있는지 알 수 있다. 또한 그룹별 관계를 화살표로 설정해 본다. 서로 어떤 영향을 미치는지, 인과 또는 상충 관계는 어떤지 표시해 본다.

마지막으로 모든 팀원과 아이디어에 관련된 점수를 내 본다. 이때는 원형 스티커를 이용하는 것이 좋다. 빨간색 스티커는 3점, 파란색 스티커는 2점, 초록색 스티커는 1점으로 정한 후 포스트잇에 적힌 아이디어에 하나씩 붙인다. 이렇게 그룹별 점수를 내면 우선순위가 정해진다. 가장 높은 점수를 받은 그룹부터 차례대로 3가지 그룹에 관련된 팀원들과 심도 있는 토의를 한 후 핵심적인 결론을 하나의 문장으로 작성해 하나의 아이디어로 만들어 본다. 이때 주의할 점은 브레인스토밍으로 찾아낸 아이디어라고 해서 최종 사업 아이디어라고 말할 수 없다는 것이다. 이는 하나의 가설일 뿐이므로 이를 검증하는 시간이 반드시 필요하다.

5WHY

문제를 제대로 알아야 근본적인 해결책을 찾을 수 있다. 세면대에 물이 흘러넘쳐 화장실 바닥이 물로 흥건해졌다면 바닥의 물을 닦는 것이 먼저가 아니라 물이 흘러넘치는 근본 원인인 수도꼭지를 잠그는 것이 먼저다. 문제의 근본 원인을 모르면 바닥의 물을 하염 없이 닦는 우를 범하게 된다. 하지만 물이 흘러넘치고 있는 상황에서는 수도꼭지보다 바닥을 닦고 있을 확률이 더 높다.

문제의 근본 원인을 찾는 방법 중 가장 효과적인 것은 '5WHY'이다. 5WHY는 '왜'라는 질문을 5번 던져 보는 아주 간단하면서도 효과적인 방법이다. 우리가 직면하고 있는 문제가 무엇인지를 작성한 후 5번에 걸쳐 '왜'라는 질문을 던져 보면서 근본 원인을 찾아보자.

제퍼슨 기념관(Jefferson Memorial)

개발자를 위한 스타트업

미국의 3대 대통령인 토머스 제퍼슨을 기리는 제퍼슨 기념관의 외벽이 훼손되기 시작하자 기념관장이 이에 관한 조사를 명령했다. 조사 결과, 외벽에 붙어 있는 비둘기 배설물을 제거하기 위해 사용된 독성이 강한 세제가 문제의 원인이었다. 그래서 비둘기가 주변에 날아들지 않도록 관광객들에게 비둘기 모이를 주는 행동을 금지시켰다. 그런데도 비둘기는 계속 기념관으로 날아들었고, 외벽의 훼손은 더 심해졌다.

기념관장은 또 다시 진상 조사를 명령했다. 조사 결과 비둘기가 날아드는 이유는 비둘기의 먹이인 거미 때문인 것으로 나타났다. 거미가 모여드는 이유는 기념관 근처 숲에서 날아오는 나방 때문이고, 나방이 숲에서 몰려드는 이유는 관광객을 위해 주변 건물보다 2시간 일찍 조명을 켜기 때문이라는 것도 알게 됐다. 결국 제퍼슨 기념관에서는 건물의 조명 점등 시간을 기존보다 2시간 뒤로 미룸으로써 외벽의 훼손을 막을 수 있었다. 큰 비용을 들이지 않고도 5번의 WHY를 해 봄으로써 문제를 해결할 수 있게 된 것이다.

무조건 5번 질문하라는 것은 아니다. "모르겠다."라는 답이 나올 때까지 계속 질문하면 된다. 이 질문이 3번이 될 수도 있고, 6번이 될 수도 있다. 여기서 주의해야 할 점은 질문에 관한 답이 누군가를 비난하는 것이어서는 안 된다는 것이다. 예를 들어 "스마트폰으로 송금하기 어려운 이유는 무엇인가?"라는 질문에 "금융업계가 보수적이기 때문이다."라고 답하면 금융업계를 바꿔야 하는데, 이는 쉽지 않은 일이기 때문이다. 마케팅 업체를 운영하고 있는 필자가 흔히 겪고 있는 간단한 예시를 살펴보자.

WHY 1 인스타그램 인플루언서 마케팅을 했는데 효과가 없는 이유는 무엇일까?

: 인스타그램 인플루언서들이 가짜 팔로우를 구매했기 때문이다.

가짜 팔로우를 구매한 이유는 무엇일까?

: 영향력이 있어 보이기 때문이다.

영향력이 있어 보여야 하는 이유는 무엇일까?

: 수익의 기회가 더 많기 때문이다.

수익의 기회가 더 많은 이유는 무엇일까?

: 기업이 팔로우 수만 보고 섭외하기 때문이다.

기업이 팔로우 수만 보고 섭외하는 이유는 무엇일까?

: 영향력을 판단하는 다른 기준을 모르기 때문이다.

여기까지 5번의 WHY를 이용해 문제를 분석해 봤다. 인스타그램 인플루언서 마케팅을 했는데 효과가 없는 이유는 팔로우 수 외에 영향력을 판단하는 다른 기준을 모르기 때문이라는 결론이 나왔다.

인플루언서 분석 서비스, 피처링(https://featuring.co)

개발자를 위한 스타트업

'피처링'은 이런 원인에 착안해 서비스를 만든 스타트업이다.

'피처링'은 카카오 기획 및 개발자 출신이 만든 '인플루언서 분석 서비스'다. 이는 인스타그램 계정에 가짜 팔로우가 얼마만큼 있는지를 피처링 스코어를 이용해 알려 주는 서비스로, 인스타그램 인플루언서 마케팅을 진행하는 기업 및 마케터, 대행사를 위해 만들었다. 2021년까지 3건의 투자를 받고 TIPS 프로그램(Tech Incubator Program for Startup)에도 선정돼 정부 지원을 받았다.

5WHY를 이용해 문제의 근본 원인을 찾고, 그에 관한 해답을 찾아 나가면 많은 사람의 니즈를 만족시켜 주는 서비스를 기획할 수 있을 것이다.

아이디어 실험 및 평가

여러 가지 방법을 이용해 아이디어를 선정한 후에는 실험과 평가를 실시해야 한다. 실험을 할 때는 아이디어를 비주얼화해야 한다. 스토리보드나 도표로 프로세스를 그려 보거나, 타깃 고객에게 전달할 광고를 만들어 보거나, 모형으로 간단한 프로토타입을 제작해 실험을 진행한다.

실험은 프로토타입이 실제로 고객에게 반응하는지 여부를 살펴보는 것이다. 프로토타입으로 얻고자 하는 인사이트를 질문으로 만들어 타깃 고객들에게 피드백을 받고, 그 피드백을 바탕으로 필요 사항을 파악한다. 그리고 어떤 점이 서비스가 성공하기 위한 요소인지 확인하고 프로토타입을 개선해 나간다.

아이디어를 실험해 보거나 평가받을 수 있는 방법은 구글 시트나 네이버 설문을 이용하는 것이다. 구글 시트를 이용해 아이디어를 간단히 설명하고, 프로세스를 간단한 이미지 및 영상으로 제작해 링크를 공유한다. 그리고 이에 관한 피드백을 설문을 이용해 받는다. 이때 설문에 좀 더 자세한 피드백을 주고 싶은 사람은 연락처를 남겨 달라고 하면 나중에 심층 인터뷰를 진행할 수도 있다.

이외에 팀원들과 함께 평가하는 방법도 있다. 여러 아이디어가 나왔을 때는 '아이스 스코어(ICE SCORE)'를 이용한다. 이는 빠른 의사결정을 위한 방법으로 Impace, Confidence, Ease의 3가지를 기준으로 평가한다. Impact는 얼마나 영향력이 있는지, Confidence는 성공 가능성에 얼마나 확신이 있는지, Ease는 리소스가 얼마나 필요한지로 점수를 낸다. 점수는 1~10점으로 평가한다.

PEST 및 SWOT 분석

아이디어를 사업의 기회로 연결하기 위해서는 아이디어 자체의 평가뿐 아니라 외부 환경에 관련된 분석도 필요하다. 외부 환경을 분석하는 유용한 도구로는 'PEST'와 'SWOT 분석'이 있다.

우선 PEST는 Political(정치·제도적), Economical(경제적), Social(사회·문화적), Technical(기술적)인 요소에 따라 평가하는 것을 의미하고, SWOT 분석은 외부 환경을 Strength(강점), Weakness(약점), Opportunity(기회), Threaten(위협)을 기준으로 평가하는 것을 말한다. 하나씩 살펴보자.

Political은 국제 규범, 공기업의 민영화, 창업 관련 비즈니스 법률 개정 등에 해당한다. 토스가 처음 시작할 때 직면한 문제가 바로 이것이었다. 처음에는 자동 이체의 기능을 활용해 송금을 진행했지만, 법적인 이슈가 생기면서 1년간 서비스를 운영할 수 없었다. 이후 법적인 문제가 해결되면서 지금의 토스로 성장할 수 있었다.

'캐쉬풀어스'라는 스타트업은 개인 소유의 자동차에 광고 스티커를 부착하는 플랫폼이다. 이는 사용자가 마음에 드는 광고를 선택한 후 홍보 스티커를 직접 수령해 자신의 자동차에 부착하고 미션에 성공하면 현금을 받는 서비스로, 2018년에 론칭해 많은 인기를 끌었지만 개인 차량에 광고를 부착하는 것은 당시 법적 규제 사항이었기 때문에 사업을 중단할 수밖에 없었다. 이후 2020년에 정부에게서 샌드박스 승인을 받아 규제의 장벽을 넘어설 수 있었고, 2021년에 다시 서비스를 시작해 빠르게 성장하고 있는 중이다.

다음은 Economical로, 경제적 요인은 국가, 글로벌 경제 환경 변화는 비즈니스에 기회가 되기도 하지만 위협이 되기도 한다. Social은 사회적·문

개인 차량 광고 매칭 플랫폼, 캐쉬풀어스(https://www.cashcarplus.com)

화적 트렌드의 변화에 따른 요인이다. 저출산 고령화와 같이 변화하는 사회적 요인이 새로운 창업의 기회가 되기도 하고, 기존 기업에 위협이 되기도 한다. 코로나19는 전 세계의 모든 부분에 영향을 미쳤다. 창업 시장도 예외는 아니었다. 어떤 비즈니스는 더 각광받았고, 어떤 비즈니스는 큰 타격을 입기도 했다.

코로나19는 창업의 기회이기도 했다. 빠르게 변화하는 비대면 환경에서 필요한 것들이 생겨나기 시작했고, 이런 문제점을 해결해 나간 곳은 위기를 기회로 바꿨다. 가장 큰 타격을 입었다는 여행업도 반응이 둘로 나뉜다. 코로나19가 시작된 후 해외 여행을 기반으로 한 여행 사업은 모두 힘든 상황에 봉착했지만, 해외로 나가지 못한 사람들이 여행지를 국내로 바꾸면서 기존 여행업 중 빠르게 국내 여행으로 변화한 곳은 위기를 기회로 살렸다. Technical, 즉 기술적 진보는 스마트폰의 등장으로 애플리케이션 시장이 활성화된 것처럼 기술의 발전으로 새로운 기회가 찾아오거나 위기가 찾아오는 경우를 말한다.

개발자를 위한 스타트업

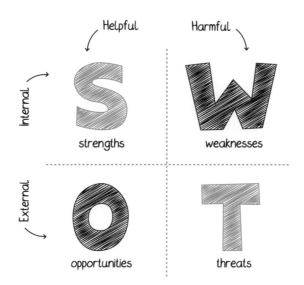

SWOT 분석

SWOT 분석은 2×2로 그래프를 그리면 좀 더 쉽게 이해할 수 있다. 가장 먼저 왼쪽 위에 아이디어의 '강점'을 적은 후 오른쪽 위에 아이디어의 '약점'을 적는다. 왼쪽 아래에는 외부 환경 중 유리한 '기회 요인'을 적고, 오른쪽 아래에는 외부 환경에 불리한 '위협 요인'을 적는다.

그러면 SO, ST, WO, WT 전략이 나타나게 되는데, SO 전략은 시장의 기회를 활용하기 위해 강점을 사용하는 것이고, ST 전략은 시장의 위협을 회피하기 위해 강점을 사용하는 것이고, WO 전략은 약점을 극복함으로써 시장의 기회를 활용하는 것이고, WT 전략은 시장의 위협을 회피하고 약점을 최소화하는 것이다. 이렇게 PEST와 SWOT 분석을 이용해 외부 환경이 어떻게 변하고 있는지를 살펴보면 사업 아이디어의 방향성을 정할 수 있다.

비즈니스 아이디어 보드

문제에서 아이디어를 발견하고, 도출된 아이디어를 실험하고, 평가하고, 분석했다면 이제는 비즈니스화해야 한다. 그 전에 실제로 비즈니스를 할 수 있는 아이디어인지 비즈니스 아이디어 보드를 이용해 시각화해 볼 것을 권한다. 한 장의 비즈니스 아이디어 보드를 이용해 단순한 아이디어에서 비즈니스화할 수 있는 아이디어로 정리해 보는 것이다.

제목(부제목)	
문제 상황	**문제(불편/불만)**
아이디어	
기존 해결안	**나의 해결안**
사용자	**수익 방안**

비즈니스 아이디어 보드

비즈니스 아이디어 보드는 총 8가지 블록으로 구성돼 있다. 우선 제목 부분은 가장 나중에 작성한다. 제일 먼저 작성해야 하는 것은 '문제 상황'이다. 문제 상황에는 아이디어를 떠올리게 된 문제를 어떤 상황에서 떠올리게 됐는지 작성하면 된다. 아이디어를 처음 생각하게 된 계기는 어떤 상황이었는지를 떠올려보자.

예를 들어 여행을 가려고 예약을 해 뒀는데, 갑자기 아파서 여행을 못 가게 됐다고 가정해 보자. 이런 상황에서 미리 예약해 둔 숙소나 교통, 액티비티 티켓이 환불이 안 된다면 정말 곤란할 것이다. 이런 구체적인 상황을 적으면 된다.

다음은 '문제(불편·불만)'를 적는다. 문제는 한 문장으로 정의하는 것이 좋다. "어떻게 하면 ○○을 할 수 있을까?"의 문장 형태로 만들어 본다. 앞의 내용을 예로 들면 "어떻게 하면 환불이 안 되는 여행 바우처를 팔 수 있을까?"가 될 것이다.

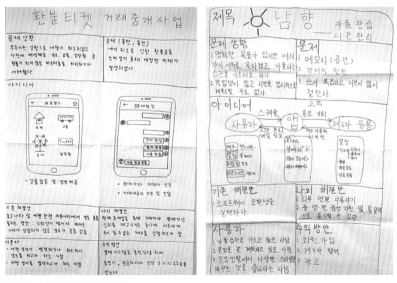

비즈니스 아이디어 보드 예시

그리고 '아이디어'를 적는다. 아이디어는 글로 쓰기보다는 도표로 그리거나 고객은 우리 서비스를 이용해 어떤 가치를 얻고, 우리에게는 무엇을 주는지를 도식화하는 방법을 권한다.

앞 페이지의 그림과 같이 서비스와 사용자와의 흐름을 그려 한눈에 프로세스를 볼 수 있도록 하는 것이 중요하다.

다음으로는 '기존 해결안'을 적는다. 기존에는 이 문제를 어떻게 해결했는지를 작성하면 된다. 예를 들어 여기서는 "취소가 안 되는 여행 바우처를 중고나라나 당근마켓에 판매한다."가 될 것이다. 그런 다음 '나의 해결안'을 적는다. 기존 해결안에서 미처 생각치 못했거나 불편했던 점을 어떻게 보완했는지 작성하면 된다.

그다음은 '사용자'를 적는다. 누가 이 아이디어를 사용하는지를 적으면 된다. 이외에 '수익 방안'도 적는다. 이 아이디어를 이용해 어떻게 수익을 낼 것인지를 작성하면 된다. 마지막으로 제목을 적는다. 제목은 이 모든 것을 아우를 수 있는 단어를 사용하면 되고, 부제목은 풀어서 설명할 수 있는 문장으로 작성하면 된다. 비즈니스 아이디어 보드는 큰 도화지 또는 전지를 반으로 잘라 작성한 후 벽에 붙이고 팀원들과 함께 토의한 다음, 보완해 나가면 일정한 방향성을 지닌 서비스를 개발하는 데 도움이 된다.

Q 자기 소개 부탁드립니다.

A 저는 동국대학교 정보통신공학과 21학번 나윤주입니다. 지금은 디자인 씽킹과 비즈니스 모델 개발이라는 수업을 듣고 있고, 이종범 대표님이 강의를 하시는 '오늘 멘토링'도 진행했습니다.

Q 창업을 생각하게 된 계기는 무엇인가요?

A 저는 평소 프로그래밍이나 코딩을 즐기는 편인데, 어떤 개발자가 되고 싶은지 스스로에게 질문했을 때 회사에서 주어진 일을 효율적으로 빠르게 처리하는 개발자가 되기보다는 내가 직접 프로그래밍을 이용해 아이디어를 실현하고, 세상을 좀 더 나은 곳으로 바꿀 수 있는 개발자가 되면 좋겠다는 생각이 들어 창업을 고민하게 됐습니다.

Q 창업을 하면 어떤 회사를 만들고 싶나요?

A 제가 좋아하는 창업자 중 한 사람이 "영상에서 넓은 분야의 혁신은 기술로서만 할 수 있다."라고 말했는데 저도 이 말에 공감합니다. 세상을 변화시키는 비전을 담은 회사를 만들고 싶습니다.

Q 개발자들이 창업을 했을 때의 장단점은 무엇일까요?

A 장점은 컴퓨터를 이용해 바로 하고 싶은 것을 실현해 볼 수 있고, 여러 시도를 해 볼 수 있다는 것이고, 단점은 개발자의 틀에 갇혀 버릴 수 있다는 것이라고 생각합니다.

Q 앞으로 고객을 직접 만나볼 의향이 있나요?

A 저는 활동적이기 때문에 기회가 있다면 직접 만나보고 싶습니다.

Q 멘토링을 했는데 어떤 부분이 도움이 됐나요?

A 이제 막 대학에 들어와서 어떻게 준비해야 할지 막막했는데, 멘토링을 한 후 창업을 하고 싶다는 생각이 좀 더 구체화된 것 같습니다.

PART
04

비즈니스 모델의
이해와 고객 개발

비즈니스 아이디어까지 도출했다면 본격적으로 비즈니스 모델을 만들 차례다. 비즈니스 모델은 사업의 청사진이자 나침반이라 할 수 있다. 무작정 사업을 시작할 수도 있겠지만, 실패의 확률을 조금이라도 낮추기 위해서는 비즈니스 모델을 이용해 하나씩 검증한 후에 시작해야 한다.

비즈니스 모델은 항상 변화한다. 외부 환경에 따라 변하기도 하고, 수익 모델의 안정성을 위해 변화하기도 한다. 자신이 스타트업 대표라면 비즈니스 모델을 한 달에 한 번씩 점검하면서 수시로 비즈니스 모델을 고민하고 수정해야 한다. 사업을 시작하면 마치 경주마가 된 것처럼 앞만 보고 내달리게 된다. 그러다보면 실수도 생기고, 잘못된 방향으로 나아가기도 한다. 개발자가 가장 많이 빠지는 함정은 바로 'SI(System Integration)'다. 무작정 사업을 시작한 후 비즈니스 모델이 잘 돌아가지 않아서 수익이 발생하지 않다 보니 당장 급한 수익을 위해 외주 개발을 하는 것이다. 창업을 하기 전에 비즈니스 모델을 점검하지 않고 시작하다 보니 수익이 발생하지 않는 상황이 발생하고, 이것이 곧 SI로 이어진다. SI를 하면 당장에 급한 수익을 만들 수 있지만, SI에 매몰돼 비즈니스 자체를 진행하지 못하게 되는 오류에 빠지게 된다. 급한 불을 끄기 위해 SI를 하지만, 차츰 SI에 투입되는 인원과 리소스가 메인이 되고, 비즈니스 자체에 집중할 여력이 사라지며, 그러다가 SI 전문 회사가 돼 버리고 만다.

이런 오류에 빠지지 않으려면 비즈니스 모델이 필요하다. 이에 관한 검증이 이뤄진 후 사업을 시작해야 한다. 이번에는 비즈니스 모델은 무엇이고, 어떻게 만들어야 하며, 어떻게 하면 실패의 확률을 낮출 수 있는지를 알아보자.

개발자를 위한 스타트업

스타트업은 무엇인가?

스타트업은 무엇일까? 스탠퍼드대학교의 교수이자 린스타트업을 만든 스티브 블랭크(Steve Blank)가 정의한 스타트업은 '반복과 확장이 가능한 비즈니스 모델을 검증하기 위해 조직된 임시 조직(A startup is temporary organization designded to search for a repeatable and scalable business model)'이다. 스타트업은 비즈니스 모델을 검증하기 위한 조직으로, 여기서의 비즈니스 모델은 반복과 확장이 가능하고, 임시 조직이어야 한다.

스티브 블랭크는 스타트업의 확장을 3단계로 이야기한다. 첫 번째는 문제와 해법의 정합성을 찾는 단계, 두 번째는 제품과 시장의 정합성을 찾는 단계, 마지막으로 세 번째는 고객을 창출하는 확장 단계다. 문제와 해법의 정합성을 찾는 단계에서는 문제를 정의하고, 문제에 관한 해결책을 고객 인터뷰 및 MVP(Minimum Viable Product)를 이용해 발견한다. 또한 제품과 시장의 정합성을 찾는 단계에서는 제품과 사업을 검증한다. 또한 확장 단계에서는 본격적인 사업화를 이용해 고객을 창출한다.

스타트업은 보통 '로켓'에 비유한다. J 커브를 틀며 급속도로 성장해 나가기 때문이다. 이는 고객 개발을 이용해 문제와 해법의 정합성, 제품과 시장의 정합성을 마쳤기 때문에 가능한 시나리오다. 고객이 원하는 제품을 만들었기 때문에 시장에서 바로 반응을 얻을 수 있고, 빠르게 성장해 나갈 수 있는 것이다. 스타트업 중 기업 가치가 1조 원(10억 달러) 이상인 기업을 '유니콘 기업'이라고 한다. 2021년 기준 전 세계에는 700개 이상의 유니콘 기업이 있고, 총 2,000조 원(2조 달러)의 가치가 있다고 한다[5](https://www.cbinsights.com/research/unicorn-startup-market-map). 이 중 한국 기업은 10개

---

5 "List of Unicorn Startups & Markets | CB Insights".

다. 쿠팡 같이 미국에 상장된 기업은 제외된 수치다. 스타트업은 이처럼 빠르게 성장하기 때문에 로켓에 비유하며, "로켓에 올라타라."고 표현하기도 한다.

보통 스타트업이라면 창업 후 3년 안에 J 커브를 만들어내길 원한다. 그 이유는 대부분의 스타트업(70%)이 5년 안에 사라지기 때문이다. 마치 스티브 블랭크가 이야기한 임시 조직과 같이 느껴지기도 한다.

개발자를 위한 스타트업

린스타트업이란?

스티브 블랭크가 이야기한 린스타트업(Lean Startup)은 무엇일까? 린(Lean)의 사전적 정의는 '기대다.', '기울어지다.'이다. 한쪽으로 기울어져 있는 것을 의미하는데, 이때 기울어진 방향은 '고객'이다. 또한 린은 '절약하다.'라는 의미도 지니고 있다. 즉, 비용 절감 방법을 의미한다. 이를 종합해 보면 린스타트업은 고객에 집중해 비용을 절감하는 방법이라고 할 수 있다.

린스타트업의 핵심은 구축(Build), 측정(Measure), 배움(Learn)을 반복, 확장하는 것이다. 제품·서비스를 빠르게 만들고, 측정한 후 배움을 이용해 제품·서비스에 반영해 개선해 나가지만, 이 모든 것이 기업이 아닌 고객을 향

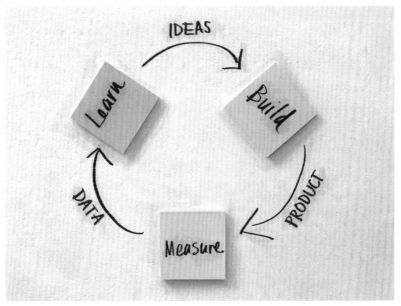

린스타트업은 아이디어를 구축하고, 제품을 만들어 측정하고, 데이터를 이용해 학습하는 과정을 반복하는 것을 말한다.

하고 있다는 것이 기존 기업과 다른 점이다.

전통적 기업과 린스타트업의 다른 점을 살펴보자. 전통적 기업은 사업계획서를 기반으로 사업을 진행하지만, 린스타트업은 비즈니스 모델을 이용해 가설을 세우고, 실험하고, 보완하는 방식으로 사업을 진행한다. 전통적 기업이 선형적이고 단계적인 계획을 세워 제품 · 서비스를 시장에 내놓는다면, 린스타트업은 사무실 밖으로 나가 고객을 직접 만나보고 가설을 검증하며 고객을 개발한다. 또한 전통적 기업은 데이터가 완전할 때 움직이고, 실패하면 책임을 저야 하는 구조인 반면, 린스타트업은 데이터가 좋으면 빠르게 움직이고, 실패를 고려해 아이디어를 반복하고 보완하는 구조다. 전통적 기업이 대차대조표, 현금흐름표, 손익보고서를 중요한 지표로 생각한다면, 린스타트업은 고객 획득 비용, 고객 생애 가치, 서비스 이탈률을 중요한 지표로 생각한다.

이처럼 린스타트업은 고객을 중심으로 생각하며 빠르게 실행하고, 측정하고, 배운 것을 반영하는 것을 반복하며 확장해 나간다는 점에서 전통적인 기업과는 많이 다르다. 토스가 직원들과 직접 현장에 나가 고객들의 이야기에 귀를 기울여 100개의 아이디어를 만들고, 이를 하나씩 실행해가면서 8번째에 토스를 사업화하게 된 것처럼 일반적으로 생각하는 전통적인 기업의 모습과 스타트업의 현실은 매우 다르다. 이번에는 어떻게 비즈니스 모델을 만들고 실행해 나가는지 살펴보자.

비즈니스 모델

비즈니스 모델은 기업이 고객과 제품·서비스를 제공하는 과정에서 가치를 창조하는 방식을 의미한다. 비즈니스 모델 캔버스를 만든 알렉산더 오스터왈더(Alexander Osterwalder)는 비즈니스 모델을 '하나의 조직이 어떻게 가치를 창조하고 전파하며 포착해내는지를 합리적이고 체계적으로 묘사한 것'이라고 정의했다.

비즈니스 모델에는 어떤 가치를 창출해낼 것인지, 가치를 누구에게 전달할 것인지, 수익은 어떻게 창출할 것인지, 어떤 프로세스로 일할 것인지 등이 포함돼 있어야 한다. 제품·서비스의 핵심 고객이 누구이고, 왜 그 고객은 우리 제품·서비스가 필요하며, 얼마나 많은 고객을 끌어들일 수 있는지, 비용은 얼마이고, 수익은 어디서 나오고, 핵심 자원은 무엇이고, 핵심 프로세스는 무엇인지를 일목요연하게 볼 수 있게 만들어야 한다.

비즈니스 모델은 우리 비즈니스가 어떤 상황인지 알 수 있는 계기판이라 할 수 있다. 불확실하고 변화무쌍한 환경에서 중심을 잡고 여러 장벽을 헤쳐 나가려면 비즈니스 모델을 만들어 보완하고 수정해 나가야 한다. 필자가 알고 있는 많은 스타트업 대표는 비즈니스 모델을 한 달에 한 번씩 점검하고 현재 진행하고 있는 사업의 방향성을 살펴본다. 상황에 따라 빠르게 '피봇팅(Pivoting)'이 일어나기도 한다.

쿠팡과 티몬은 처음에 반값 할인을 해 주는 딜을 위주로 시작했지만, 이후 오픈 마켓과 같이 어떤 제품이든 판매하는 비즈니스 모델로 바뀌었다. 당근마켓은 판교 직장인을 대상으로 한 중고거래인 판교장터로 시작했지만, 지역을 확장하면서 당근마켓으로 변모했다. 비즈니스 모델은 언제든지 변할 수 있기 때문에 더 자주 살펴보고 갈고 닦아야 한다.

비즈니스 모델 캔버스

비즈니스 모델은 정해진 형식이나 규칙이 있는 것이 아니다. 하지만 참고할 만한 모델이 존재하고, 많은 스타트업이 이 모델을 사용한다. 그것은 바로 'BMC'라 불리는 비즈니스 모델 캔버스다. 스위스 로잔 IMD의 교수인 알렉산더 오스터왈더와 예스 피그누어(Yves Pigneur)는 3년에 걸친 연구 끝에 비즈니스 모델 캔버스 프레임을 만들었다. 총 9개의 블록으로 구성된 비즈니스 모델 캔버스는 각각의 블록을 하나의 가설로 만들고, 가설을 검증하는 방식으로 완성한다.

BMC는 오른쪽부터 읽어 나가면 된다. 고객군(Customer Segments), 고객관계(Customer Relationship), 가치 제안(Value Proposition), 채널(Channels), 수익(Revenue Streams), 핵심 활동(Key Activities), 핵심 자원(Key Resources), 핵심 파트너(Key Partners), 비용(Cost Structure)의 총 9개 블록으로 이뤄져 있다.

비즈니스 모델 캔버스

개발자를 위한 스타트업

이는 크게 2가지 영역으로 나눌 수 있다. 오른쪽의 고객군, 가치 제안, 고객 관계, 채널, 수익은 시장과 고객에 관한 영역, 왼쪽의 핵심 활동, 핵심 자원, 핵심 파트너, 비용은 제품·서비스의 개발 및 운영에 해당하는 영역이다.

크게 3가지 영역으로 나눌 수도 있다. 고객군과 가치 제안이 고객 관계 관리와 채널을 이용해 잘 이뤄지고 있는지를 이용하면 시장과 제품·서비스의 정합성(PMF, Product Market Fit)을 파악할 수 있고, 여기에 수익을 더해 어떻게 수익을 낼 것인지를 알 수 있으며, 나머지 왼쪽의 블록을 이용하면 비용을 얼마나 사용할 것인지를 알 수 있다. 비용에서 수익을 빼면 얼마나 생존할 수 있는지를 계산할 수도 있다.

부동산 플랫폼 스타트업인 '직방'의 비즈니스 모델 캔버스는 다음과 같다.

고객은 직장인, 대학생 등 방을 구하는 '임차인'과 '공인중개사'다. 플랫폼이기 때문에 고객군이 2가지로 나뉜다. 이에 관한 가치 제안 및 고객 관계,

직방의 비즈니스 모델 캔버스

채널 등은 구분해서 작성하는 것이 좋다. 임차인에게는 오피스텔에 관한 다양한 정보를 제공하는 가치, 공인중개사에게는 광고를 할 수 있는 가치를 제공한다.

이런 가치를 전달하는 채널로는 SNS, 웹, 앱, 전화를 들 수 있고, 이들과의 관계는 유저 커뮤니티나 마케팅 플랫폼을 이용한다. 고객에게 가치를 전달함으로써 얻는 수익은 공인중개사가 광고를 할 때 내는 광고비다. 핵심 자원은 IT 전문 인력, 공인중개사 그룹, 브랜드 인지도, 핵심 활동은 광고, 마케팅, 공인중개사 영입이 될 것이다. 그리고 핵심 파트너는 공인중개사, 건물주, 투자사, 비용은 인건비, 서버 유지비, 임대료가 될 것이다. 여기에 들어가는 비용이 공인중개사가 내는 광고비보다 적으면 이 비즈니스 모델은 잘 작동할 것이다. 이것이 어렵다면 자금 조달을 위해 대출을 받거나, 정부 지원 자금을 받거나, 투자를 받아야 한다.

앞 페이지의 그림은 필자가 생각한 직방의 비즈니스 모델 캔버스이지만, 이런 식으로 작성해 각 블록에 있는 것들을 검증하고, 고객에게 전달해야 하는 가치는 변하지 않았는지, 수익 구조에는 어떤 것이 필요한지 등을 보완해 나간다면 계기판의 역할을 충실히 수행하는 비즈니스 모델이 될 것이다. 지금 바로 비즈니스 모델 캔버스를 그려 보자.

Q 자기 소개 부탁드립니다.

A 저는 동국대학교 창업동아리팀에서 게임을 기획하고 있는 기획자 신선우라고 합니다. 개발을 전공했지만, 지금은 게임 기획 부분을 담당하고 있습니다.

Q 개발자로서 창업을 하게 된 이유는 무엇인가요?

A 오래전부터 스포츠 게임에 흥미가 있어서 게임을 해 보는 것뿐 아니라 실제로 만들어 보면 더 재미있을 것이라 생각했고, 공모전에 참여하다가 창업 동아리라는 좋은 기회를 얻게 돼 시작했습니다.

Q 창업 후 가장 어려웠던 점은 무엇인가요?

A 정보의 부족이라고 생각합니다. 지원 사업, 지원 사업이 실질적으로 요구하는 지원자, 지원을 받을 수 있는 단체를 직접 알아내야 하는데, 창업 동아리를 하면서 많은 도움을 받았습니다.

Q 팀원 간의 소통은 잘되시나요?

A 동국대학교에서 지원해 주는 '충무창업큐브'라는 사무실이 있는데, 한 공간에 있다 보니 소통은 잘된다고 생각합니다.

Q 고객을 많이 만나보셨나요?

A 고객을 만나는 것이 중요하다는 것을 알기 때문에 가능한 한 자주 만나기 위해 노력하고 있습니다. 저희는 계속 같은 코드를 보면서 게임을 하다 보니 놓치는 부분이 많이 있는데, 고객분들은 게임을 처음 접해 보시는 분들이라 저희가 신경쓰지 못한 부분들을 말씀해 주셔서 감사했습니다.

Q 공동 창업자는 몇 명이고, 지분은 어떻게 배분하셨나요?

A 공동 창업자는 저와 개발자 2명입니다. 현재 미국에 법인을 세우고 있는 중인데, 둘 다 50%씩 넣어 400만 주씩 공유했습니다.

Q 초기 자본은 어떻게 마련하셨나요?

A 알바나 모아 뒀던 돈으로 마련했습니다.

Q 정부 지원 사업에는 어떤 것을 지원할 예정인가요?

A 게임을 미국 모바일 시장에 출시할 예정인데, 알파 버전이 완성돼가는 시기에 예비 창업 패키지 지원 사업이 있어서 개발 시일을 조금 앞당겼고, 개발이 완성됐을 때 게임 퀄리티를 높일 수 있다고 생각해 예비 창업 패키지를 지원했습니다. 이후 초기 창업 패키지에 지원할 예정입니다.

Q 개발자 출신의 기획자로서 창업의 어려운 점은 무엇인가요?

A 현재는 수익과 인력이 부족한 상황이기 때문에 원하는 게임의 퀄리티를 맞추기 위해 타협을 해야 하는 상황이 가장 어려운 것 같습니다.

Q 개발자 출신의 기획자로서 유리한 점은 무엇인가요?

A 저는 코드를 보거나 쓸 줄 알기 때문에 소통이 원활하고, 개발자들도 제가 기획한 시스템을 이해할 수 있다는 점이 유리한 것 같습니다.

Q 향후 어떤 기업을 만들고 싶은가요?

A 색다른 스포츠 게임을 원할 때 우리가 만든 게임이 생각나면 좋을 것 같습니다.

Q 마케팅은 어떻게 진행하고 있나요?

A 아직 마케팅을 기획만 한 상태이기 때문에 타깃 유저들을 정한 후 타깃 유저들에게 접근하려고 SNS를 만들어 타깃 고객들의 특성을 파악하는 중입니다. 아직 정확한 마케팅 세부 계획은 정해지지 않았습니다.

Q 개발자 중 창업을 고려하시는 분들에게 하고 싶은 이야기는 무엇인가요?

A 상황에 따라 다르겠지만, 팀에서 가능한 목표를 잡고 그 목표를 따라 개발하다 보면 배우는 부분도 많고, 느끼는 부분도 많을 것이라 이야기하고 싶습니다.

Q 멘토링이 도움이 되셨나요?

A 미처 생각하지 못했던 부분을 많이 알려 주시고, 심사 위원의 입장에서 말씀해 주셔서 많은 도움이 됐습니다.

고객 타깃팅과
고객 가치 정의

여기까지 공부했더라도 이제 비로소 달리기를 하는 출발선에 선 것이나 다름없다. 우리 앞에 펼쳐질 길은 만만치 않다. 목표까지 가는 평탄한 직선 길이 아니라 울퉁불퉁한 곡선 길이기 때문이다.

스타트업 쪽에 10년 이상 있다 보니 엑싯(Exit)을 하거나 유니콘이 된 스타트업은 물론 안타깝게 사라진 스타트업도 많이 봤다. 스타트업이 실패하는 이유는 무엇일까?

스타트업이 실패하는 20가지 이유
(출처: https://www.cbinsights.com/research/startup-failure-reasons-top)

CB 인사이트에서 101개의 실패한 스타트업을 대상으로 실패의 이유를 조사한 결과에 따르면, '시장의 니즈가 없어서'가 42%로 가장 큰 비중을 차지하고 있다. 시장이 원하지 않는 제품·서비스를 만들기 때문에 실패한 다는 것이다. 즉, 고객이 원하지 않는 제품을 만들어서 실패했다는 이야기 다. 우리가 제품 개발이 아닌 고객 개발이 필요한 이유는 고객이 원하거나 고객에게 팔리는 제품·서비스를 만들기 위해서다.

시장이 원하지 않는 제품을 만드는 이유는 시장을 고려하지 않고 자신 이 원하는 제품·서비스를 만들었기 때문이다. 자신에게 필요하면 고객도 필요할 것이라는 생각, 기술이 뛰어나면 고객이 선택할 것이라는 생각, 모 두에게 필요하므로 모두가 구입할 것이라는 생각 등이 이런 결과를 만들 어낸다. 실제로 많은 스타트업이 고객이 원하는 것이 아닌 자신이 만들고 싶은 제품·서비스를 만들고 있다. '만들어 놓으면 팔리겠지.'라는 안일한 생각은 산업 시대에서나 가능한 공급자 중심의 사고다. 지금은 이미 공급 이 넘쳐 나고 수요자는 원하는 제품·서비스를 얼마든지 구할 수 있기 때 문에 애초에 팔릴 제품·서비스를 만들어야 한다.

팔릴지, 안 팔릴지는 아무도 모른다. 오직 제품·서비스를 구매할 고객 만이 알 수 있다. 따라서 '우리의 제품·서비스는 누가 구매할 것인지'에 관련된 '고객 타깃팅'과 '고객은 어떤 고민과 문제를 갖고 있고, 우리는 그 고민과 문제를 어떻게 해결해 주고 있는지'와 관련된 '고객 가치'가 중요 하다.

고객 가치는 고객의 고민과 불만의 크기에 비례한다. 우리가 풀려고 하 는 문제가 과연 고객이 갖고 있는 문제인지, 그 문제를 가장 크게 느끼는 고객군이 누구인지를 파악해야 한다. 이렇게 고객 타깃팅을 한 후 어떤 경 로로 고객 가치를 전달할 것인지를 고민해야 한다.

스타트업이 실패하는 두 번째 이유는 '현금 부족'이다. 스타트업은 보통 아무것도 없는 상황, 즉 돈도 없고, 사람도 없는 상황에서 시작한다. 그나마 개발자는 나은 상황이다. 심지어 아무 기술도 없는 상태에서 시작하는 경우도 많다. 스타트업이 생존하는 데 중요한 것은 팔리는 제품·서비스를 만드는 것이다. 다운로드를 많이 받게 해서 미래의 수익을 담보로 투자를 받거나 지금 당장 뭔가를 판매해 매출을 올리고, 그 매출이 모든 비용을 감당하고도 남을 만큼 수익을 낼 수 있어야 생존할 수 있다. 결국 팔리는 제품·서비스를 만들기 위해서라도 고객을 타깃팅하고 고객 가치를 전달하는 것이 필요하다. 5장에서는 어떻게 고객을 타깃팅하고, 고객 가치를 만들 것인지 알아본다.

빨리 망해 보라

린스타트업은 빨리 망해야 한다. 사업을 하려는 사람에게 빨리 망하라니 무슨 악담일까? 실은 악담이 아닌 덕담이다. 빨리 망하면 비용을 절감할 수 있기 때문이다. 제품·서비스를 완벽하게 만들어 출시했는데 아무도 원하지 않는 제품·서비스라면 제품·서비스를 만들기 위해 들었던 시간과 비용, 인력이 모두 리스크가 돼 돌아온다.

따라서 제품·서비스를 만들기 전에 망하면 시간, 비용, 인력을 아낄 수 있다. 어떻게 하면 빨리 망할 수 있을까? 린스타트업의 3단계를 충실히 이행하면 된다. 즉, 실행하고, 측정하고, 학습해 개선하는 과정을 반복하는 것이다. 문제에 관한 가설을 세우고, 그 가설을 검증하기 위해 고객을 만났는데, 고객이 그 문제를 갖고 있지 않은 것을 발견했다면 이미 한 번 망한 것이다. 그럼 다시 가설을 세우고 다른 고객을 찾으면 된다.

자동차를 만드는 데는 앞바퀴를 만들고, 뒷바퀴를 만들고, 차체를 만들어 조립해 완성하는 방법과 고객에게 무엇을 원하는지 살펴봤더니 좀 더 빠르게 이동하고 싶어 한다는 것을 발견한 후 그 문제를 해결해 줄 수 있는 방법으로 스케이드보드를 만들고, 고객이 반응하면 킥보드를 만들고, 자전거를 만들고, 오토바이를 만든 후 최종적으로 자동차를 만드는 방법이 있다.

오랫동안 많은 비용을 들여 자동차를 만들었는데 안 팔리면 어떻게 될까? 생각만 해도 끔찍하다. 하지만 많은 스타트업이 지금도 이런 방식으로 제품·서비스를 만들고 있다. 완벽한 사업 계획을 세운 후에 실행하려고 하고, 처음부터 규모를 키우려고 한다. 하지만 고객의 문제부터 접근했는데도 스케이드보드가 안 팔린다면 스케이드보드에서 끝내고 다른 가설을

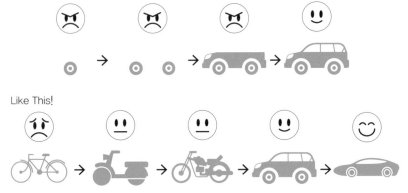

Like This!

자동차를 만드는 2가지 방법

세워 접근하면 된다. 빨리 망할수록 리스크가 적은 것이다. 그렇기 때문에 '빨리 망해 보라(Fail Fast)'는 것이다. 실패를 두려워하지 말되, 실패는 비용과 인력이 들어가기 전에 미리 많이 경험해 봐야 한다.

　스타트업은 '퍼센테이지(%)의 비즈니스'라고 한다. 그 이유는 아주 작은 것부터 시작하기 때문이다. 스타트업이 투자자를 유치하는 데 필요한 것은 바로 퍼센테이지(%)다. 100라는 리소스를 들여 1,000이라는 성과를 낸 후 투자자에게 '우리에게 10,000을 투자하면 100,000을 낼 수 있다.'라고 설득하는 것이다. 아주 작은 것에서 성과를 내고, 그것을 확장시킬 수 있는 근거가 명확하다면 투자하지 않을 이유가 없다. 빠른 시간 안에 10배를 벌어 준다는데 투자를 마다할 사람이 어디 있겠는가?

　　　　　　　　　　　　　　　　　　　개발자를 위한 스타트업

고객 개발 방법론

신제품을 개발할 때 전통적인 방법은 콘셉트와 예산 계획을 세운 후 제품·서비스를 개발하고, 알파, 베타 테스트를 한 후 론칭하는 것이다. 하지만 린스타트업에서 신제품을 개발할 때는 고객 개발을 이용한다. 잠재 고객의 피드백을 받아 비즈니스 모델을 반복적으로 수정한 후 고객 검증의 단계를 이용해 비즈니스 모델을 검증받는 방식으로 진행된다. 고객 개발은 4단계로 나뉜다.

첫 번째는 '고객 발굴(Customer Discovery)'이다. 아이디어가 고객에게 필요한지 검증하고, 문제를 파악하고, 해결 방법을 검증하는 단계다. 고객에게 직접 물어보고, 최소 기능 제품인 MVP(Minimum Viable Product)를 이용해 검증한다.

두 번째는 '고객 검증(Customer Validation)'이다. 고객 발굴 결과, 고객이 필요하다고 판단했을 때 비즈니스 모델을 확장할 수 있는지를 검증하는 단계다. 이 단계는 상품과 시장의 정합성인 'PMF(Product Market Fit)'를 검증하는 단계이기도 하다. 만약 이 단계가 미흡하다면 비즈니스 모델을 점검하고 다시 고객 발굴의 단계로 돌아간다. 이때는 팀을 무리하게 확장하지 않고, 마케팅 계획을 세운 후에 수익 모델을 살펴보는 것이 중요하다. 이 단계에서는 피봇(Pivot)이 가장 빈번하게 일어난다.

세 번째는 '고객 창출(Customer Creation)'이다. 이 단계에서는 마케팅 비용을 투입해 비즈니스를 확장시킨다. 제품·서비스를 반복하면 판매가 되고 매출이 확대될 수 있는지, 성장할 수 있는지를 확인한다. 이때 적절한 팀을 구성한 후 마케팅, 프로모션 등과 같은 다양한 전략으로 시장에 진입해 고객을 지속적으로 획득해 나간다.

고객 개발 프로세스

    마지막은 '기업 설립(Company Building)'이다. 반복할 수 있고, 확장할 수 있는 비즈니스 모델이 검증됐으므로 기업 설립을 진행한다. 조직을 스타트업 조직에서 기업 조직으로 변화시켜 온전한 기업으로 거듭나는 단계다.

    우선 고객 개발의 첫 번째 단계인 고객 발굴부터 시작해야 한다. 고객을 발굴하기 위해서는 고객을 만나고, 고객의 입장을 이해하는 일이 먼저다. 그래야만 고객이 원하는 제품·서비스를 만들 수 있기 때문이다. 고객이 누구인지, 무엇이 필요한지를 파악하면, 고객이 중요하게 생각하는 부분부터 만들어 나갈 수 있고, 개발에 투입되는 시간과 노력을 줄일 수 있다.

시장 기회

아이디어를 구체화하고 비즈니스 아이디어 보드까지 만들어 봤다면 시장의 기회를 살펴봐야 한다. 다시 말해 기존 시장에 진입할 것인지, 틈새 시장에 진입할 것인지, 새로운 시장을 창출할 것인지를 살펴봐야 한다.

제품·서비스가 경쟁자를 압도할 차별점을 갖고 있거나 향상된 성능, 기능, 서비스를 갖고 있다면 기존 시장에 진입하는 것이 효과적이다. 기존 시장의 니즈를 더욱 충족시킬 수 있기 때문이다. 대표적인 사례로는 청소기 혁명을 일으킨 다이슨 청소기가 기존 시장에 진입해 시장 점유율을 높인 것을 들 수 있다.

제품·서비스가 특정 니즈를 공략해 기존 시장의 일부 고객의 구매를 이끌어낼 수 있다면 틈새 전략으로 기존 시장을 재분류해 진입하는 것이 좋다. 대표적인 예로는 창문형 에어컨으로 틈새 전략을 사용한 것을 들 수 있다. 가격이 더 비싸거나 일부 기능의 성능이 부족하더라도 고객이 구매할 제품·서비스는 틈새 전략이 더 효과적이다.

시장이 불명확하고 고객이나 경쟁자가 없다면 새로운 시장을 창출하는 것이 좋다. 애플의 스마트폰은 새로운 시장을 창출했다. 창업자들을 만나보면 높은 비율로 새로운 시장을 창출하겠다는 의지를 지니고 있다는 것을 알게 된다. 하지만 이는 리스크가 매우 크다. 반대로 생각하면 새로운 시장은 고객도 경쟁자도 없기 때문이다. 고객도 경쟁자도 없다는 것은 새로운 시장을 만들어야 한다는 것을 의미하는데, 이는 성공 확률이 극히 희박하기 때문에 투자자나 고객을 설득시키기 어렵다. 모두가 스티브잡스가 되고 싶어하지만 되지 못하는 것처럼 말이다.

다른 나라의 시장을 복제하는 방법도 있다. 진입 시장의 내수 비중이 크고, 언어·문화적 장벽이 높다면 시장을 복제해 진입하는 것이 좋다. 한국은 이 경우에 속한다. '요기요'가 한국에 진입했을 당시 배달의 민족이 인기를 얻고 있었고, 딜리버리 히어로는 이미 다른 나라에서 딜리버리 서비스를 성공시킨 사례를 여럿 갖고 있었기 때문에 한국에 과감하게 진입할 수 있었다.

시장의 기회는 다양하므로 어떤 시장으로 진입할 것인지에 관한 전략을 갖추고 있어야 한다. 이를 위해서는 4P, 즉 제품(Product), 판매 촉진(Promotion), 판매 가격(Price), 유통 경로(Place)를 살펴봐야 한다. 하지만 4P는 기업 중심의 분석 방법이고, 이제는 고객 중심의 관점으로 재정의해 4C를 사용한다. 4C는 고객 가치(Customer Value), 고객 소통(Communication), 비용(Cost), 편의(Convenience)를 뜻한다. 최근에는 더 나아가 새로운 개념의 4C를 사용하는데, 여기서의 4C는 공동 작업(Co-Creation), 대화(Conversation), 통화(Currency), 공동체 활성화(Communal Activation)를 뜻한다.

고객을 나누는 기준

고객 발굴을 하기 위해서는 누가 고객인지를 알아야 한다. 우리가 타깃으로 하는 고객은 누구여야 할까? 이때 고객을 나누는 기준이 있다면 타깃 고객을 설정하는 데 도움이 될 것이다. 고객은 시장을 이루고 있는 최소 단위다. 고객이 모여 시장이 되기 때문이다. 이 고객은 종 모양의 정규분포를 이루고 있다. 제프리 무어(Geoffrey A. Moore)는 '캐즘 이론'에서 이런 분류를 사용했다. 즉 고객 수용 곡선(Adoption Curve)에서 혁신 수용자, 선각 수용자, 전기 다수 수용자, 후기 다수 수용자, 지각 수용자로 분류한 것이다.

제프리 무어가 주장한 캐즘 이론은 '기술을 가진 기업에서 혁신 수용자와 선각 수용자를 넘어 다수 수용자로 넘어가기 전에 캐즘이라는 깊은 틈이 존재한다.'라는 것이다. 스타트업의 입장에서 이 고객 분류를 바라보면 우리가 집중해야 할 고객이 누구인지가 명확하게 보인다. 그것은 바로 혁신 수용자와 선각 수용자다. 2.5%의 혁신 수용자, 13.5%의 선각 수용자가 우리가 타깃팅해야 할 고객인 것이다.

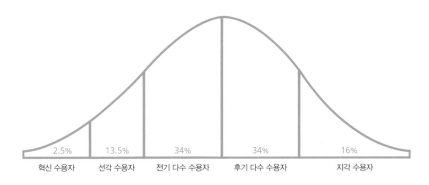

고객 수용 곡선

이들은 누구보다 기술을 빨리 받아들이는 사람들이기도 하지만, 기술이 없으면 가장 큰 불편을 느끼는 사람들이기도 하다. 특히 혁신 수용자는 자신이 직접 기술을 대체할 뭔가를 만들어 사용하고 있을 가능성이 높다. 따라서 이 타깃 고객들은 우리가 해결하고자 하는 문제에 깊이 공감하고 있을 뿐 아니라 자신만의 해결책을 갖고 있기 때문에 인사이트를 얻기 좋다.

반면 후기 다수 사용자나 지각 수용자를 타깃 고객으로 삼게 되면 여러 가지 문제가 발생한다. 예를 들어 스마트폰을 만드는 스타트업이 70대 남성을 타깃으로 고객 인터뷰 및 제품·서비스 개발을 하게 되면 어떤 결과가 초래될까? 다시 전화만 가능한 피처폰이 나올지도 모르겠다. 새로운 변화를 쉽게 받아들이지 못하는 지각 수용자로부터 잘못된 인사이트를 얻게 되면 시장의 요구에 부합하지 못하는 제품·서비스를 만들 수 있다.

우리가 만나 물어보고 인사이트를 얻어야 할 고객은 시장에서 가장 앞선 자리에 있는 혁신 수용자와 선각 수용자이므로 이들이 어디에 있을지부터 고민해 봐야 한다.

문제에 관한 가설 세우기

고객 개발에서는 실험, 측정, 학습이 반복된다. 실험을 할 때 중요한 것은 '가설'이다. 가설을 잘 세워야 실험을 할 수 있고, 이에 관한 인사이트를 얻을 수 있다. 고객 발굴은 우선 가설을 세우고, 대화를 나눌 잠재 고객을 찾고, 목적에 알맞은 질문을 한 후 답변의 의미를 이해하고, 학습을 지속하려면 무엇을 해야 하는지를 찾는 과정을 반복한다.

고객 발굴에서 살펴봐야 할 것은 '비즈니스 모델 캔버스'다. 비즈니스 모델 캔버스의 9개 블록은 모두 가설이다. 이 가설을 검증해야 하는데, 이를 이용해 실현 가능한지, 수용 가능한지, 생존 가능한지를 살펴볼 수 있다.

수용 가능성 가설은 고객, 가치 제안, 고객 관계, 채널 부분이다. 즉, 고객이 이것을 원하는지, 목표로 하는 시장이 너무 작거나 가치 제안을 원하는 고객의 수가 너무 적지 않은지에 관한 것이다. 리스크는 기업이 목표 고객에 접근해 고객을 확보하거나 유지할 수 없을 때 발생한다.

비즈니스 모델 캔버스의 가설

고객 부분에서는 올바른 고객군을 목표로 하고 있는지, 목표로 하는 고객군이 실제로 존재하는지, 크기가 충분히 큰지에 관한 가설을 세울 수 있고, 가치 제안 부분에서는 목표 고객군에 올바른 가치를 제안하고 있는지, 가치 제안을 모방하고 싶을 정도로 충분히 독특한지에 관한 가설을 세울 수 있다. 또한 고객 관계 부분에서는 고객과 올바른 관계를 구축할 수 있는지, 고객이 경쟁사 제품·서비스로 바꿔 사용하기 어려운지, 고객을 유지할 수 있는지에 관한 가설을 세울 수 있고, 채널 부분에서는 고객을 확보하기 위한 올바른 채널을 보유하고 있는지, 가치를 전달하는 채널을 제어할 수 있는지에 관한 가설을 세울 수 있다.

실현 가능성 가설은 핵심 활동, 핵심 자원, 핵심 파트너 부분이다. 핵심 활동은 비즈니스 모델을 구축하는 데 필요한 모든 활동을 올바른 품질 수준으로 수행할 수 있는지에 관한 가설을 세울 수 있고, 핵심 자원은 지적 자산, 인적 자산, 재무적 자산 등 비즈니스 모델 구축에 필요한 모든 기술과 자원을 확보, 관리할 수 있는지에 관한 가설을 세울 수 있으며, 핵심 파트너는 비즈니스 구축에 필요한 파트너십을 만들 수 있는지에 관한 가설을 세울 수 있다.

마지막으로 생존 가능성 가설은 수익원, 비용 구조 부분이다. 수익원은 가치 제안에 고객이 특정 가격을 지불할 수 있는지에 관한 가설을 세울 수 있고, 비용 구조는 인프라에 드는 모든 비용을 관리하고 통제할 수 있는지에 관한 가설을 세울 수 있다. 1가지 더 추가하자면 이익에 관한 가설도 세울 수 있다. 이 가설은 이익을 만들기 위해 비용보다 더 많은 수익을 창출할 수 있는지에 관한 것이다.

가설의 문장 형태는 '우리는 무엇을 믿는다.' 또는 '우리는 무엇을 믿지 않는다.'의 형태로 작성하면 된다. 예를 들어 "우리는 여행을 좋아하는 29세 여성이 게스트하우스의 치안과 위생에 불만을 갖고 있다고 믿는다."와

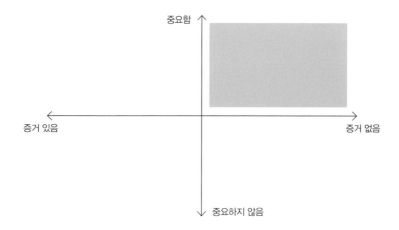

가설의 우선순위를 정하는 방법

같은 문장 형태로 만드는 것이다.

좋은 가설을 만들려면 테스트할 수 있어야 하고, 정교해야 하며, 개별적이어야 한다. 증거에 기반을 두고 참인지 거짓인지를 증명할 수 있도록 테스트할 수 있어야 하고, 무엇을, 누가, 언제를 상세하게 기술할 수 있도록 정교해야 하며, 조사 대상을 오직 하나만 기술할 수 있을 정도로 개별적이어야 한다.

가설들을 문장의 형태로 만들었다면 다음은 어떤 가설부터 실험할 것인지에 관한 우선순위를 정해야 한다. 중요한 것과 중요하지 않은 것, 증거가 있는 것과 증거가 없는 것으로 나눠 보면 가설의 우선순위는 중요하면서 증거가 없는 순으로 정할 수 있다. 중요하면서 증거가 있는 것은 이미 사실(Fact)이기 때문에 팀원들과 공유하면 된다. 리스크가 큰 가설부터 검증해야 하기 때문에 중요하면서도 증거가 없는 것에 우선순위를 두도록 한다. 이 중에서 비용과 시간이 적게 드는 가설부터 실험하면 된다.

프로토 페르소나 만들기

'페르소나(Persona)'는 심리학에서 타인에게 비치는 외적 성격을 나타내는 용어다. 이는 심리학자인 구스타프 융(Cal Gustav Jung)이 만든 이론으로, 인간은 1,000개의 페르소나(가면)을 지니고 있어서 상황에 따라 적절한 페르소나를 쓰고 관계를 이뤄간다는 것이다.

페르소나는 다양하게 활용된다. UX, CX, 마케팅을 위해 사용되기도 한다. 하지만 여기서는 가상의 타깃을 설정하기 위해 페르소나를 사용할 것이다. 보통 페르소나를 고객군에 따라 다양하게 설정해 각 고객군에 맞는 고객 여정 지도를 만들기도 한다. 그렇게 하는 데는 시간과 인력이 많이 필요하기 때문에 고객을 발굴할 때는 간단하게 '프로토 페르소나(Proto-Persona)'를 사용한다. 이는 린 UX(Lean UX)에서 제안한 방법으로, 목표 고객의 이미지를 프로토타입으로 만든 후 고객의 모습을 지속적으로 다듬어나가는 방식으로 진행한다.

프로토 페르소나는 크게 인구 통계적 요소, 행동·신념적 요소, 문제·니즈적 요소, 해결 요소로 구성돼 있다. 인구 통계적 요소에는 고객의 이미지를 그림으로 그리고 간략한 인구학적 정보를 적는다. 예를 들어 나이, 성별, 직업, 연봉, 거주 지역 등을 적는다. 이때 중요한 점은 페로소나를 그림으로 나타내야 한다는 것이다. 한 사람으로 그려 볼 수 있어야 그 사람을 특정 지을 수 있기 때문이다. 타깃을 20~30대 여성 같은 식으로 설정하면 그림을 그릴 수 없으므로 '29세 여성'과 같이 설정해야 한다.

행동·신념적 요소에는 고객의 행동이나 신념을 적는다. 어떤 행동 및 활동을 하고 있는지, 페르소나가 신뢰하고 있는 내용은 무엇인지를 적는다. 니즈적 요소에는 고객이 지니고 있는 불편함이나 불평, 니즈, 기대 등을 적

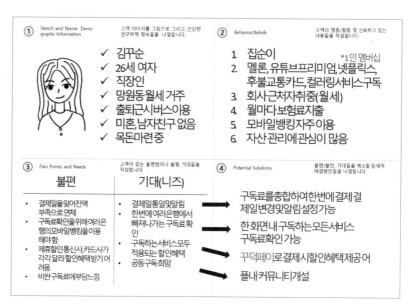

① Sketch and Name Demo
graphic Information

고객 이미지를 그림으로 그리고, 간단한
인구학적 정보들을 나열합니다.

- ✓ 김꾸순
- ✓ 26세 여자
- ✓ 직장인
- ✓ 망원동월세거주
- ✓ 출퇴근시버스이용
- ✓ 미혼, 남자친구없음
- ✓ 목돈마련중

② Behavior/Beliefs

고객의 행동/활동 및 신뢰하고 있는
내용들을 작성합니다.

1. 집순이   *1인 멤버십
2. 멜론, 유튜브프리미엄, 넷플릭스,
   후불교통카드, 컬러링서비스구독
3. 회사근처자취중(월세)
4. 월마다보험료지출
5. 모바일뱅킹자주이용
6. 자산관리에관심이많음

③ Pain Points and Needs

고객이 갖는 불편함이나 불평, 기대들을
작성합니다.

불편

- 결제일을잊어잔액
  부족으로연체
- 구독료확인을위해여러은
  행의모바일뱅킹을이용
  해야함
- 제휴할인통신사,카드사가
  각각달라할인혜택받기어
  려움
- 비싼구독료에부담느낌

기대(니즈)

- 결제일통일맞춤알림
- 한번에여러은행에서
  빠져나가는구독료확
  인
- 구독하는서비스모두
  적용되는할인혜택
- 공동구독희망

④ Potential Solutions

불편/불만, 기대들을 해소할 잠재적
해결방안들을 나열합니다.

➡ 구독료를총합하여한번에결제결
   제일변경및알림설정가능

➡ 한화면내구독하는모든서비스
   구독료확인가능

➡ 꾸덕페이로결제시할인혜택제공어

➡ 플내커뮤니티개설

프로토 페르소나 예시

는다. 마지막으로 해결 요소에는 불편함과 기대를 해소할 잠재적 해결 방
안을 불편함이나 기대에 맞게 적는다.

위 그림과 같이 이미지를 간단하게 그린 후 나이, 직장, 이름 등을 적는
다. 그런 다음 그 옆에 어떤 행동과 신념을 갖고 있는지를 적는다. 이후 불
편과 기대를 적고 그에 따른 잠재적 해결책을 적으면 프로토 페르소나가
완성된다.

고객 인터뷰와
가치 탐구

문제에 기반을 둔 비즈니스 아이디어 보드를 만들고, 타깃 고객에 관한 프로토 페르소나도 만들었다면 이제는 직접 고객을 만나 가설을 검증해야 한다. 아직까지는 '아마도 그럴 것'이라는 가설이라면 이제는 가설에 관한 확신을 지니기 위해 증거를 수집해야 한다. 이는 고객만이 알고 있는 해답이지만, 실은 고객도 잘 모를 수 있다. 그렇기 때문에 목적에 알맞은 질문을 이용해 답변의 의미를 깨달아야 한다.

스티브 블랭크는 '당장 건물(사무실) 밖으로 뛰어나가라.'고 말한다. 사무실에 앉아 있으면 고객이 원하는 제품·서비스를 만들 수 없기 때문이다. 인터넷 또는 빅데이터로 알 수 있는 것에는 한계가 있다. 타깃에 집중된 인사이트를 얻기 어렵다는 점이다. 가장 많이 사용하는 방법은 '인터넷 설문조사'다. 5점 척도 또는 7점 척도를 사용해 좋은지, 별로인지, 그저 그런지를 판단한다. 하지만 설문조사를 이용하면 고객의 감정까지 읽어낼 수 없다. 실제로 좋은 것인지, 그냥 적당한 선에서 좋다고 이야기하는 것인지 알 수 없기 때문이다.

대면 인터뷰를 한 번이라도 해 본다면 이 말의 의미가 무엇인지 알 수 있을 것이다. 대면 인터뷰를 하면 고객의 감정을 읽을 수 있다. 감정이 드러나기 때문에 그냥 "좋네요."라고 말하는 것과 "정말 대박이네요."라고 말하는 것의 차이를 바로 느낄 수 있다. 하지만 이 2가지 방법으로는 "좋다."라는 답변밖에 나올 수 없다. 또한 설문조사에는 정해진 질문밖에 할 수 없지만, 대면 인터뷰에서는 꼬리에 꼬리를 물고 더 깊이 들어갈 수 있다. 대면 인터뷰를 할 때도 물론 질문을 정해서 가지만, 실제로 인터뷰를 하다 보면 중요하다고 생각되는 답변들이 나오기 마련이고, 배경이나 근본 원인을 알아내기 위해 즉흥적으로 추가 질문을 할 수 있다.

시각 장애인 접근성을 개선한 쇼핑 앱인 소리마켓을 만든 '와들(https://www.waddlelab.com)'은 시각장애인이 가장 필요한 신선 식품과 생활 용품을 판매하는 오가닉 빅마트에 입점했고, 11번가에서 투자를 받고, 솔루션을 도입해 사용하고 있는 스타트업이다. 와들은 전국에 있는 시각장애인 복지관 15곳을 직접 방문해 방문 때마다 20명씩 인터뷰를 진행했고, 총 300명의 고객과 직접 대면 인터뷰를 진행하면서 서비스를 만들어 나갔다.

시리즈 A에서 70억 원의 투자 유치를 받은 '씨위드'는 타깃 고객을 채식주의자로 설정했고, 이 가설을 검증하기 위해 40명의 채식주의자를 대상으로 인터뷰를 진행했다. 하지만 프로토 페르소나였던 채식주의자가 타깃이 아니라는 것을 알게 돼 다시 프로토 페르소나를 만든다. 채식주의자를 인터뷰해 보니 배양육 또한 동물의 세포에서 시작된다는 것을 알고 거부감을 드러냈고, 어떤 채식주의자는 고기 냄새만 맡아도 거부감을 느끼기 때문에 고객이 될 수 없다고 판단했다. 이후 일반 육식자를 타깃 고객으로 바꿔 다시 인터뷰를 한 결과 오히려 일반 육식자는 배양육에 관한 거부감이 없다는 것을 알게 돼 제품을 일반 육식자에 맞춰 개발하고 있다.

이처럼 많은 스타트업이 건물 밖으로 나가 고객을 만나본 후 인사이트를 얻어 제품·서비스를 개발하고 있다. 와들은 서비스 론칭한 이후에도 주기적으로 인터뷰를 진행하고 있으며, 현재는 타깃 고객을 확장하기 위해 실버 세대를 인터뷰하고 있다.

우리는 고객에게 제품·서비스를 팔아야 한다. 그런데 그 고객을 만나보지도 않고 이해하려 노력도 하지 않은 상태에서 제품·서비스를 사 주길 바라는 것은 어불성설이다. 만약 고객이 무엇을 중요하게 생각하는지 이미 알고 있다고 생각한다면 큰 혼란에 빠질 수 있다. 혼란에 빠지지 않으려면 고객을 누구보다 잘 이해해야 하고, 이를 위해서는 고객을 직접 만나 물어봐야 한다. 6장에서는 고객 인터뷰를 어떻게 하면 효과적으로 할 수 있고, 어떤 인사이트를 얻어낼 것인지 알아본다.

고객은 어디서 찾아야 할까?

고객을 만나기 위해서는 어떻게 해야 할까? 프로토 페르소나를 만들었기 때문에 거기에 있는 대로 찾아가 만나보면 된다. 거주 지역, 나이, 직업 등에 관한 인구 통계적 정보를 이미 적었기 때문에 그곳으로 가면 되는 것이다. 초등학생 자녀가 있는 35세 강남 거주 여성이라고 가정하면, 강남의 초등학교 앞에 등교 또는 하교 시에 서 있는 여성들이 고객일 것이다. 흡연자인 38세 직장인 남성이 고객이라고 가정하면 직장이 많이 모여 있는 판교, 강남, 여의도의 건물 흡연 구역에 있는 남성들이 고객일 것이다. 이렇게 프로토 페르소나의 정보를 이용해 고객을 만나는 것이 기본이다. 이외에 고객을 찾을 수 있는 방법을 알아보자.

첫 번째 방법은 자체 고객 데이터베이스를 기반으로 찾는 것이다. 하지만 보통 스타트업은 이제 시작하기 때문에 자체 고객 데이터베이스가 없다. 이 방법은 기존 사업을 진행하면서 신제품 개발을 하는 스타트업이나 커뮤니티로 시작해 사업으로 발전시킨 스타트업에 해당한다.

필자는 카페에서 사용하는 눈꽃빙수기를 이용해 마케팅을 하고 있다. 수년간 마케팅을 진행해 왔기 때문에 수천명의 카페 사장님에 관련된 고객 데이터베이스를 갖고 있다. 단순 마케팅 대행이 아니라 수익 셰어로 진행하는 마케팅이기 때문에 고객 데이터를 갖고 있는 것이다. 눈꽃빙수기를 판매하다가 디스펜서형 제빙기도 새롭게 판매하게 됐다. 디스펜서형 제빙기도 카페에서 주로 사용하기 때문에 이미 보유하고 있는 고객 데이터를 활용해 고객 인터뷰를 진행할 수 있었다. 실제 고객의 카페에 방문해 인터뷰도 진행하고, 제품 체험을 할 수 있도록 했으며, 고객의 반응도 영상으로 담아 마케팅에 활용하고 있다.

두 번째 방법은 지인의 소개를 받는 것이다. 인터뷰를 진행할 때 피해야 할 사람은 가족, 친구, 지인이다. 이들은 나와의 관계가 먼저이기 때문에 객관적인 정보를 얻을 수 없다. 다만 지인에게 소개를 받게 되면 지인의 지인이기 때문에 나와는 관계 없는 사람이라는 객관성을 띄게 된다. 주변 지인에게 프로토 페르소나를 설명해 주고 혹시 이런 사람이 주변에 없는지 알아봐 달라고 부탁하는 방법으로 인터뷰할 고객을 찾을 수 있다.

세 번째 방법은 포럼이나 커뮤니티에 가입해 활동하는 것이다. B2B의 경우 포럼, 세미나, 컨퍼런스가 매우 좋은 소스가 된다. 타깃 고객이 모여 있을 확률이 높은 것이다.

필자의 클라이언트 중에는 국제 의대가 있다. 국제 의대는 미국 의사가 되고 싶은 사람이 입학하는 학교로, 전 세계 곳곳에 있다. 헝가리 국제 의대, 몽골 국제 의대, 폴란드 국제 의대 등 다양한 나라에 국제 의대가 있는데, 필자는 타깃 고객을 만나기 위해 다른 국제 의대의 세미나에 가서 나오는 사람들을 대상으로 인터뷰를 진행했다. 산모가 타깃일 때 산모를 대상으로 하는 이벤트성 세미나를 찾아가면 타깃을 쉽게 만날 수 있다.

커뮤니티도 좋은 소스다. 세미나를 이용해 산모를 직접 오프라인에서 만날 수도 있지만, 온라인에도 네이버 카페나 페이스북 그룹, 맘카페와 같이 고객이 모여 있는 커뮤니티가 있다. 직접 쪽지를 보내 인터뷰 일정을 잡을 수도 있다. '씨위드'는 채식주의자를 인터뷰하기 위해 페이스북 그룹을 찾았고, 그룹장에게 부탁해 인터뷰를 진행할 수 있었다.

네 번째 방법은 블로그나 SNS를 활용하는 것이다. 블로그는 보통 각자의 주제로 작성하고, 이 분야에서는 얼리어답터에 속하기 때문에 타깃 고객으로 적합하다. 네이버 블로그는 C-RANK라는 알고리즘을 이용해 1가지 주제에 관해 집중적으로 쓰는 블로그에 더 좋은 랭크를 준다.

특히, 네이버에서 인정한 인플루언서라면 쪽지를 보내 직접 만나보는 것도 좋은 방법이다.

SNS를 이용해 그 분야의 얼리어답터를 만나볼 수도 있다. 인스타그램의 경우 해시태그로 해당 키워드를 검색해 DM(Direct Message)을 보낼 수 있다. 반려견을 키우는 사람이 타깃이라고 가정할 때 강아지의 종별로 해시태그를 검색하면 원하는 반려견을 키우는 사람들을 찾을 수 있다. 유튜브에도 1가지 주제로 콘텐츠를 만드는 크리에이터들이 많기 때문에 이메일을 보내 인터뷰를 진행할 수도 있다.

다섯 번째 방법은 런치 페이지를 활용하는 것이다. 런치 페이지는 제품·서비스를 론칭하기 전에 론칭 사실을 널리 알리기 위해 만든 페이지로, 보통 1페이지로 간단히 만든다. 간단히 제품·서비스가 작동하는 영상이나 이미지, 어떤 문제를 해결하기 위한 제품·서비스인지 설명하고, 론칭 시 빠르게 소식을 받고 싶은 사람은 이메일을 남기는 식으로 관심자들을 모은다.

토스 초기 런치 페이지

개발자를 위한 스타트업

토스가 사용했던 초기 런치 페이지를 살펴보면 오른쪽에 어떻게 작동하는지에 관한 영상을 올리고, 왼쪽에 휴대폰 번호를 입력하도록 유도하고 있다는 것을 알 수 있다. 이를 이용하면 고객 정보를 확보할 수 있고, 추후 서비스 론칭 시에도 활용할 수 있다. 여기에 정보를 입력한 사람은 핵심 타깃이 될 가능성이 매우 높고, 제품·서비스에도 관심이 많을 것이라 예상할 수 있다. 따라서 이 사람들에게 연락해 인터뷰를 진행한다면 좋은 인사이트를 얻을 수 있을 것이다.

이외에도 고객을 찾는 방법은 다양하다. 찾고자 하는 의지만 있다면 충분히 찾을 수 있다. B2B 서비스를 제공하는 스타트업의 핵심 고객은 '대기업'이다. 한 스타트업 대표는 타깃인 대기업의 로비에 매일 가서 들어가는 사람들을 대상으로 인터뷰 요청을 했다고 한다.

택시 안에서 심심할 때 샘플 체험을 해 보는 '도토리박스'라는 서비스를 기획한 숭실대 학생들의 핵심 고객은 '택시 기사'였다. 숭실대 학생들은 고객을 인터뷰하기 위해 숭실대에서 이수역까지 2인 1조씩 3개조로 나눠 하루 20번씩 왕복하면서 택시 기사들과 인터뷰를 했다. 이 과정에서 택시 기사에게 개인 택시 지부장의 연락처를 받은 후 지부장을 직접 찾아가 인터뷰를 진행한 결과, 택시 20대에 이 서비스를 설치할 수 있었다.

사업을 할 때는 사활을 걸어야 한다. 창업의 세계에 사활을 건 사람들 중 20%만 살아남는다. 고객을 찾거나 만나는 건 창업의 기본 중 기본이다. 이것조차 어렵다고 생각하면 창업 후 더 어렵고 복잡한 일에 직면하게 될 것이다. 고객을 만나기 전이 어렵지 막상 고객을 만나보면 이후 인터뷰는 더 쉽게 진행할 수 있다. 지금 당장 사무실 밖으로 뛰어나가 고객을 만나보자.

고객 개발 인터뷰를 위한 팁

인터뷰를 진행하기 전에 인터뷰를 원활하게 진행할 수 있는 방법을 알아보자. 우선 지인에게 부탁할 때는 프로토 페르소나가 갖고 있는 고민과 같은 고민을 하고 있는 사람이 주변에 있는지 물어보자. 그런 다음 우리의 해결 방법을 간단히 설명하고, 지인의 주변 사람에게 왜 도움이 될 수 있는지, 우리에게는 얼마나 큰 도움이 되는지를 설명하자.

오프라인에서 직접 고객을 만날 때는 사람들에게 방해가 되지 않도록 섬세하게 진행해야 한다. 예를 들어 음식점에 줄을 서 있는 사람에게 인터뷰 요청을 하면 이제 곧 식사를 해야 하기 때문에 방해가 될 수 있다. 또한 배가 고픈 상황이기 때문에 예민할 수도 있다. 오히려 식사를 하고 나오는 사람을 대상으로 인터뷰 요청을 하는 것이 좋다. 고객이 끝내야 하는 일이 있다면 그 일이 끝난 다음에 접근해야 한다. 인터뷰를 급하게 해야 할 때는 긴 인터뷰보다 1개의 질문에 집중해 질문하거나 일단 문제를 신속하게 알려 주고 다음에 다시 이야기를 할 수 있도록 연락처를 받아 놓는 것이 좋다.

인터뷰를 할 때는 고객의 일정과 장소에 맞춰야 한다. 인플루언서 분석 서비스인 '피처링'의 타깃 고객은 마케팅 대행사나 기업의 마케터였다. 그래서인지 필자에게 인터뷰를 요청했다. 당시 피처링의 사무실은 인천에 있었고, 필자는 서울의 강동 쪽에 있었다. 인천에서 강동까지는 1시간 30분 정도 걸리는데, 필자가 원하는 시간과 장소에 맞춰 인터뷰를 했다.

고객과 인터뷰를 할 때는 듣기 싫은 말을 들을 수 있다. 제품·서비스에 관련된 혹평이 나오면 당황할 수 있다. 하지만 인터뷰의 목적을 잊어서는 안 된다. 우리가 인터뷰를 하는 이유는 우리가 가설로 설정한 문제가 실제로 고객에게도 문제라고 인식되고 있는지, 얼마나 큰 문제라고 생각하는지

피처링 이사와 개발자가 직접 찾아와 인터뷰를 하는 모습

를 알아내는 것이다. 그 문제에 관한 해결책이 제품·서비스인 것이고, 그것이 고객이 원하는 방향이 아닐 수 있다. 따라서 듣기 싫은 말이나 혹평은 오히려 귀담아 들어야 한다. 호평이나 칭찬을 받으려고 인터뷰를 하는 것이 아니기 때문이다. 보통 호평과 칭찬은 가족, 친구, 지인과의 인터뷰에서 나온다. 제품·서비스에 관한 객관적인 피드백보다는 나와의 관계가 더 중요하기 때문이다. 우리가 듣고 싶은 이야기만 들었다면 그 고객 개발은 실패한 것이라 할 수 있다. 오히려 고객이 불편해하거나 불평을 이야기하도록 유도하는 것이 필요하다.

인터뷰를 할 때는 고객에게 미리 솔직하게 이야기해 달라고 부탁해야 한다. 우리는 타인에게 싫은 소리를 하는 것은 예의에 어긋난다고 배워 왔다. 인터뷰에는 이런 점이 방해가 되기 때문에 인터뷰 시작 전에 미리 솔직하게 이야기를 해 줘야 도움이 된다는 것을 밝히는 것이 좋다.

인터뷰를 진행할 때는 열린 질문을 해야 한다. 닫힌 질문은 "예.", "아니요."라는 답변이 나오는 질문이다. 예를 들어 "더울 때는 시원한 물을 마시나요?"라고 질문한다면 "예." 또는 "아니요."로 답변이 끝나게 된다. 질문을 할 때 "어떻게"를 넣으면 열린 질문을 만들 수 있다. 앞선 예에서 "더울 때는 어떻게 하시나요?"라고 질문하면 다양한 답변을 얻을 수 있다. 열린 질문을 이용해 고객 내면의 다양한 생각을 밖으로 꺼낼 수 있고, 이를 이용해 다른 관심 분야로 질문을 이어 나갈 수 있다.

말을 하는 것보다는 경청이 중요하다. 간혹 인터뷰어가 고객인 인터뷰이보다 더 많은 말을 하는 경우가 있다. 제품·서비스에 관한 개발 동기나 프로세스 설명에 열을 올리는 경우에 이런 상황이 발생한다. 인터뷰의 목적을 항상 생각해야 한다. 인터뷰는 우리가 생각한 문제를 고객도 지니고 있는지를 확인하는 것이기 때문에 제품·서비스 설명은 간단하게 끝내는 것이 좋다. 또한 인터뷰어가 말을 많이 하면 고객이 수동적인 자세로 바뀌기 때문에 인터뷰를 진행하기가 어려워진다. 말을 들으면서 백트래킹(상대방이 했던 말을 반복함)으로 말을 중간중간 요약해 하고 있는 이야기를 제대로 이해하고 있는지를 확인하는 것도 좋고, 리액션을 많이 해 편안한 분위기를 만드는 것도 좋다.

마지막으로 인터뷰가 끝난 후에는 감사의 말을 전하고, 비슷한 고민을 하고 있는 주변 사람을 소개받는 것이 좋다. 소개를 받게 되면 다른 고객을 직접 찾지 않아도 되고, 바로 타깃 고객을 인터뷰할 수도 있기 때문이다. 고객 인터뷰를 진행할 때 처음 한 사람을 잘 찾으면 그다음부터는 소개만 받아도 계속 인터뷰를 진행할 수 있게 된다.

인터뷰가 끝나면 바로 정리에 들어가야 한다. 가설이 맞았는지, 새롭게 알게 된 내용은 무엇인지, 어떤 감정들이 드러났는지, 다음 인터뷰 시 필요한 추가 질문에는 무엇이 있는지 등을 정리하면 인터뷰가 모두 마무리된다.

고객 개발의 전략

고객 개발 인터뷰를 효과적으로 하기 위해서는 어떻게 해야 할까? 기본은 대면 인터뷰를 하는 것이다. 하지만 코로나19로 대면이 어려운 경우는 화상으로 진행하는 것을 권한다. 상대방의 얼굴 표정을 보고 감정을 읽을 수 있기 때문이다. 화상 인터뷰를 할 때는 한 번에 한 사람과 진행해야 한다. 한 번에 여러 사람과 대화하다 보면 이야기에 집중할 수 없고, 더 깊이 있는 질문을 하기가 어려워진다. 또한 주변에 소음이 없는 조용한 곳인지, 헤드셋, 마이크, 카메라가 정상적으로 작동하는지 점검하고, 노트북을 이용할 때는 배터리가 충분한지도 살펴봐야 한다. 화상 인터뷰를 진행할 때 유용한 프로그램으로는 Zoom, 구글 Meet, Skype, MS 팀즈 등이 있다.

인터뷰를 할 때는 2인 1조가 좋다. 한 명은 질문을 주도하고, 다른 한 명은 기록을 해야 하기 때문이다. 녹화나 녹음은 혼자서도 가능하지만, 녹화나 녹음을 하면 인터뷰이인 고객이 솔직하기 이야기하지 못할 가능성이 높다. 자신의 말과 행동이 기록되고 있다고 생각하면 수동적으로 행동하기 때문이다. 혼자 질문과 기록을 동시에 하면 인터뷰를 할 때 고객과 아이컨택을 할 수 없고, 키보드만 바라보게 되므로 고객이 인터뷰이의 정수리만 보게 될 수 있다. 어려운 시간을 내서 인터뷰를 해 주는 고객에게 답변하는 동안 정수리만 보게 한다면 기분이 나쁠 것이다. 한 명은 타이핑만 하고, 다른 한 명은 질문만 하는 등 역할을 분담해 진행하면 인터뷰를 원활하게 할 수 있다.

인터뷰가 처음일 경우, 고객 역할과 인터뷰를 진행하는 역할을 팀원들과 나눠 연습해 보면 실제 인터뷰에 많은 도움이 된다. 인터뷰에서 고객 역할을 하는 사람은 프로토 페르소나의 내용을 충분히 숙지한 후 자신이 페르소나가 됐다는 생각으로 인터뷰에 응한다. 인터뷰 리허설을 진행하면 질문을 좀 더 매끄럽게 다듬을 수 있고, 추가 질문들도 생각해 볼 수 있다. 또한 예상 외의 답변에 관한 대처 방법도 미리 세워 둘 수 있기 때문에 인터뷰 전에 꼭 연습해 보기 바란다.

인터뷰를 이용해 고객이 같은 문제를 지니고 있다는 것을 확인했다면 고객이 그 문제를 어떻게 해결하고 있는지 들어보자. 인터뷰이가 리드 유저라면 기막힌 해결책을 갖고 문제를 해결하려 노력하고 있을 것이다. 이에 관한 이야기를 들은 후 우리 해결책에 관한 피드백도 받아보도록 한다. 초기의 해결책이기 때문에 완전할 수 없다. 따라서 고객을 이용해 어떤 오류가 있는지를 찾아내는 것도 중요하다. 처음부터 우리의 해결책을 설명하는 것보다는 고객의 해결책을 먼저 들은 후 우리의 해결책을 듣고 의견을 말해 줄 수 있는지 물어본다면 고객의 해결책 및 우리 해결책에 관한 의견을 모두 들을 수 있다.

인터뷰하기

이번에는 실제로 인터뷰를 해 볼 차례다. 인터뷰는 한 번에 30분 정도가 좋다. 너무 짧으면 인사이트를 얻기 어렵고, 너무 길면 필요 없는 이야기가 많아질 수 있기 때문이다. 우리의 목적은 가설로 설정해 놓은 문제가 실제로 고객에게도 있는지를 확인하는 것이기 때문에 핵심적인 부분만 질문한다. 연속으로 인터뷰를 할 때는 1시간 정도 간격을 두고 인터뷰 일정을 잡는 것이 좋다. 인터뷰가 한차례 끝나고 난 후 진행한 인터뷰에 관한 정리를 하고, 잠시 휴식을 취한 후 다음 인터뷰를 진행하자. 실제 인터뷰에서 5~10% 정도는 인터뷰에 불참하는 경우가 생기기 때문에 이를 염두해 두고 계획을 세우면 일정에 차질이 없을 것이다.

인터뷰 진행은 인사, 인구 통계학적 정보 입수, 이야기하기, 문제 순위 정하기, 고객 관점 탐색, 마무리, 결과 작성 순으로 이뤄진다. 인사는 2분 정도로 끝내고, 인터뷰 할 환경을 조성하는 것이 좋다. 인터뷰 분위기를 부드럽게 만들어 주고, 상대방의 경계심을 풀어 줄 수 있는 내용으로 진행한다. 예를 들어 "안녕하세요, 저는 소셜마케팅 회사인 다솔인의 이종범이라고 합니다. 인터뷰에 응해 주셔서 감사합니다. 오늘 날씨가 참 좋네요. 다름이 아니라 앱 개발을 할 때 보안 이슈를 어떻게 해결하는지에 관한 질문을 드리려고 합니다. 시간은 30분 정도 걸릴 것 같은데 인터뷰가 가능하실까요?"라고 질문한다.

다음은 인구 통계학적 정보를 입수할 때 설정한 프로토 페르소나의 정보와 일치하는지, 더 보충해야 할 내용은 없는지, 고객의 성향은 어떤지를 파악하기 위해 물어보는 단계다. 2분 정도로 진행하고, 어떤 일을 하고 있는지, 어디에 사는지, 직장은 어디인지 등 간단하게 인터뷰를 위한 정보를 얻는다. 예를 들어 "혹시 어떤 일을 하시고 계신가요?", "사는 곳은 어느 지역인가요?", "인터뷰를 진행하기에 앞서 동의해 주신다면 개인 정보를 몇 가지 물어보려고 하는데 성함, 나이, 사는 지역, 직업을 이야기해 주실 수 있을까요?"와 같이 질문하면 된다.

다음은 문제 배경을 이야기를 하는 단계로, 역시 2분 정도 진행한다. 인터뷰를 하는 이유, 문제 배경에 관한 이야기를 이용해 인터뷰이인 고객이 주제에 집중할 수 있도록 하는 단계다. 인터뷰에 참여한 동기, 이런 주제에 관심을 갖게 된 동기 등을 질문한다. 예를 들어 "인터뷰에 참여하신 동기나 이유는 무엇인가요?", "어떤 계기로 관심을 갖게 됐나요?"와 같이 질문한다.

다음은 문제의 우선순위를 정하는 단계로, 4분 정도 진행한다. 이는 가장 중요한 문제를 설명하고, 우선순위를 요청하는 단계로, 이미 설정한 문제에 어느 정도 공감하는지를 묻는다. 예를 들어 "평소에 이런 문제를 겪고 계신가요?", "이런 문제가 발생했을 때 어떤 점이 가장 문제라고 생각하시나요?"와 같이 질문한다.

다음은 고객 관점에서 탐색하는 단계로, 15분 정도 진행한다. 다양한 질문을 하면서 특정 문제 상황에서 고객의 행동, 경험하는 문제, 희망하는 니즈를 파악한다. 미리 설정한 문제를 어떻게 해결하는지 질문한다. 이때는 경청하는 것이 중요하다. 경청을 하면서 질문에 관한 후속 질문을 하며 깊게 들어가는 것이 좋다. 미리 준비한 질문을 모두 하지 않아도 되고, 순서대로 할 필요도 없다. 다만 질문을 이용해 원하는 답을 유도하지 않도록 조심하자. 이때의 질문으로는 "문제를 해결하기 위해 어떤 노력을 하고 계신가요?", "이런 문제 상황과 비슷한 상황을 겪으신 적이 있으신가요?", "이런 문제가 있을 때 어떻게 해결되길 원하시나요?" 등이 있다.

다음은 2분 정도 마무리한 후 인터뷰를 종료한다. 이때는 차후 연락을 해도 괜찮은지, 주변에 비슷한 문제를 겪고 있거나 이런 주제에 관심이 있는 사람을 소개받는다. 예를 들어 "오늘 나눈 이야기에 관심을 가질 만한 분이 주변에 계시다면 소개 부탁드립니다", "이런 이야기에 관련된 커뮤니티나 포럼이 있을까요?" 등과 같은 질문을 한다.

마지막으로 인터뷰한 결과를 정리하는 시간을 5분 정도 갖는다. 인터뷰 내용 중 인사이트를 얻었던 부분을 정리하고, 같이 인터뷰한 팀원과 함께 인상적이었던 부분이나 감정의 변화가 있었던 부분을 정리한다.

고객 인터뷰는 지속적으로 진행해야 한다. 그렇기 때문에 단계별로 질문해야 하는 내용이 달라진다. 위 내용은 초기에 문제 가설을 확인하기 위한 인터뷰다. 이 인터뷰를 바탕으로 문제 가설을 검증하고, 고객의 해결 방안도 알게 됐다면 이후 간단한 프로토타입이나 MVP를 만들어야 하고, 다시 이에 관한 고객 인터뷰를 해야 한다. 이때는 인사, 인구 통계학적 정보 입수, 이야기하기까지는 같은 프로세스를 거치지만 이후에는 제품·서비스의 기능 개선에 관한 질문을 해야 한다. 우선 프로토타입 또는 MVP에 관한 시연을 보여 주고, 이에 관한 반응을 질문을 이용해 살펴본다. 예를 들어 "저희가 만들 수 있는 있는 제품의 첫 느낌은 어떠신가요?", "마음에 들거나 사용해 보고 싶은 기능에는 무엇이 있나요?", "이 제품의 어떤 부분이 불편한가요?" 등과 같은 질문을 할 수 있다.

그다음은 가격에 관한 질문을 이용해 수익원에 관한 가설을 검증해 본다. 다만 이 부분에서는 실제 돈을 주고 구매하는 것이 아니기 때문에 이에 관한 고객의 반응은 신뢰하기 어렵다. 따라서 가격에 관한 질문을 하기 전에 구매 확답을 받거나 그와 비슷한 상황을 설정한 후 실제 구매를 하는 단계에서 가격을 제시해야 한다. 가격을 물어보기보다는 가격을 제시하고 그 반응을 살펴보면 더 좋은 인사이트를 얻을 수 있다. 예를 들어 "제품·서비스의 예상 가격을 말씀드렸습니다. 가격은 어떠신가요?", "어떤 기능이 추가된다면 더 비용을 지불할 의사가 있으신가요?"와 같은 질문을 한다. 스티브 블랭크는 실제로 고객에게 괜찮다고 이야기한 가격의 돈을 봉투에 넣어 달라고 요청하고, 제품이 출시되면 가장 먼저 보내 주겠다고 말했을 때 돈을 넣는지, 안 넣는지를 살펴봄으로써 가격에 관한 인사이트를 얻었다.

이처럼 여러 번에 걸쳐 인터뷰를 해야 하기 때문에 기존에 인터뷰했던 사람들의 연락처는 꼭 받아 둬야 한다. 추후에 제품·서비스가 출시됐을 때 가장 먼저 알려 주거나 정보를 제공해 주면 초기 지지자가 될 수 있다. 또한 제품·서비스 출시 후에도 지속적으로 연락하면 충성 고객으로 만들 수 있다.

초기 지지자는 매우 중요하다. 불완전하고 증명되지 않은 제품에 따르는 위험을 감수할 의지가 있는 사람들로, 제품·서비스가 론칭됐을 때 주변에 빠르게 입소문을 내 줄 수 있는 사람이기 때문이다. 초기 지지자를 100명만 확보해도 입소문은 빠르게 퍼져 나갈 것이다. 고객이라고 생각한 사람을 만나 인터뷰를 했고, 그 사람이 핵심 고객이 맞다면 우리 제품·서비스는 그들에게 감동을 줄 것이다.

PART
07

고객 가치 제안과
고객 개발

문제에 기반을 둔 아이디어를 내고, 아이디어를 사업화에 맞게 비즈니스 아이디어 보드를 만들었다. 그리고 가설로 이뤄진 첫 번째 비즈니스 모델 캔버스를 간단히 작성했고, 고객이 누구인지 프로토 페르소나를 만들어 실제로 고객을 만나 인터뷰까지 해 봤다. 이제는 비즈니스 모델을 더욱 견고히 할 단계다. 인터뷰를 하면서 비즈니스 모델 캔버스의 각 블록에서 설정한 가설을 검증해야 한다. 이를 위해 비즈니스 모델 캔버스의 각 블록을 좀 더 자세히 살펴보자.

비즈니스 모델 캔버스는 사업을 일목요연하게 보여 주고 실제로 돈을 어떻게 벌어야 하는지에 관한 흐름을 보기 위해 사용하는 도구다. 이는 비즈니스 모델 캔버스의 각 블록을 잘 이해하고 준비한다면 돈을 벌 수 있다는 뜻이기도 하다. 필자는 총 4번의 창업을 해 봤다.

그중 첫 번째는 아무것도 모르던 대학생 시절에 시작했던 인터넷 쇼핑몰이다. 고객이 누구인지, 가치는 무엇인지, 어떤 채널을 사용해야 하는지 등 아무런 지식도 없는 상태에서 무작정 비싼 옷을 싸게 사서 마진을 붙여 팔았다. 처음에는 잘됐지만 시간이 지나면서 문제가 발생하기 시작했다.

재고가 많이 쌓이면서 창고 비용이나 관리 비용이 늘어났고, 경쟁사가 많아지면서 마케팅 비용도 증가했다. 또한 세금이나 법적인 문제들이 연달아 일어나 결국 3년만에 사업을 접을 수밖에 없었다.

지금 생각해 보면 돈을 벌기 위해 필요한 것이 무엇이었고, 필요 없는 것이 무엇이었는지 구분한 후 이에 따른 비즈니스 모델을 만들었다면 사업을 더 성장시킬 수 있지 않았을까 생각한다. 온라인 쇼핑몰에 집중하고 오프라인 매장을 오픈하지 않았더라면, 재고 관리 시스템을 도입하거나 세무사, 변호사를 선임하고, 마케팅 전략을 세울 마케터를 영입했다면 어땠을까 하는 생각도 든다.

비즈니스 모델 캔버스를 만드는 목적은 멋진 사업계획서를 만드는 것이 아니라 고객 개발을 이용해 돈을 벌 수 있는 방법을 연구하는 것이다. 돈을 버는 데 필요한 요소를 블록으로 만들고, 이를 의미 있게 연결해 둔 것이 비즈니스 모델 캔버스다. 누군가에게 보여 주려고 만드는 것이 아니기 때문에 각 요소에 관한 의미를 정확하게 파악하고, 실제로 수익을 만들기 위해 각 가설을 어떻게 검증하고 실행해야 하는지에 관한 내용으로 채워야 한다. 7장에서는 고객 개발을 위한 가치 제안은 어떻게 할 것이고, 비즈니스 모델 캔버스의 각 블록은 어떤 의미를 지니는지 알아본다.

가치 제안

가치(Value)란 무엇일까? 우리는 고객이 어떤 문제 상황에 처했는지 알고 있다. 그렇다면 그 문제 상황을 어떻게 해결해 주면서 가치를 제안해야 할까? 고객은 자신이 느끼는 가치만큼 비용을 지불할 것이다. 아니 오히려 자신의 느끼는 가치보다 적은 비용을 지불할 것이다. 내가 느끼는 가치가 100이라면 비용은 10만 내고 싶어 할 것이다. 10의 비용을 내고 100의 가치를 얻고 싶어하기 때문이다.

인터넷 서점이 인기를 끌기 시작한 이유는 기존 오프라인 서점의 불편함을 해소해 줬기 때문이다. 오프라인 서점만 있었을 때는 책을 사기 위해 반드시 서점에 가야만 했다. 이 불편함을 해결해 주고 집에서 받아볼 수 있는 편리한 가치를 제공해 주자 사람들은 눈을 인터넷 서점으로 돌리기 시작했다.

책을 사다 보니 가격도 부담되지만 물리적인 공간이 부족한 것이 불편함으로 다가오기 시작했다. 이런 불편함을 해결해 준 것이 '전자책 서점'이다. 가격도 저렴하고, 물리적인 제한이 없는 전자책이 인터넷 서점을 대체하기 시작했다. 지금은 보고 싶은 책은 많은데 한 권씩 구매해야 하는 불편함을 해소해 준 월정액 전자책 서점이 인기다. 이처럼 가치는 불편함에서 비롯되며, 시대에 따라, 기술에 따라 달라지고, 변화한다.

가치 제안은 고객에게 '무엇'을 제공할 것인지에 관한 문제다. 가치 제안은 자신의 아이디어나 제품에 관한 것이 아니라 고객의 문제를 어떻게 해결해 줄 것인지에 관한 것으로, 경쟁사와 다른 차별점을 제공하는 것이 중요하다. 어떤 고충을 덜어 줄 것인지, 어떤 이득을 안겨 줄 것인지에 관한 것이 '가치'다. 그렇기 때문에 '제품·서비스 제안'이 아니라 '가치 제안'인 것이다. 다른 해결책이 있는데 왜 그 서비스를 사용해야 하는지에 관한 답변이 곧 '가치'인 것이다. 따라서 가치 제안은 제품의 성능이나 장점이 아니다. 고객의 관심은 문제를 해결하고 니즈를 충족하는 데 있기 때문이다.

가치 제안을 디자인하는 방법으로 '가치 제안 캔버스'가 있다. 가치 제안 캔버스는 고객 프로필과 가치 맵으로 구성돼 있다. 고객 프로필은 BMC에서 고객군 블록을 구체화한 것이고, 가치 맵은 BMC의 가치 제안을 구체화한 것이다. 이 부분은 고객 인터뷰를 이용해 가설을 검증한 상태다. 인터뷰를 하기 전에 작성할 때는 가설을 적으면 된다.

고객 프로필은 고객 활동(Cusomer Jobs), 고객 이득(Gains), 고객 불만(Pains) 영역으로 나뉜다. 고객 활동은 특정 문제 상황에서 고객이 수행하려고 하는 행동을 의미한다. 고객 활동은 각 프로세스별로 상세히 정리할수록 좋은 인사이트를 발견할 수 있다. 고객 활동은 기능적 활동이 주를 이룬다. 반려동물 용품 플랫폼을 기획한다고 가정하면, 고객 활동은 오프라인에서 주로 사료를 구매하거나 주기적으로 사료를 구매하는 것을 들 수 있다. 기능적 활동 외에도 사회적 활동, 정서적 활동이 있다. 반려견의 귀여

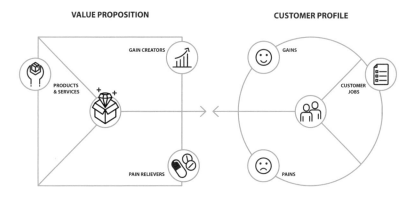

가치 제안 캔버스

운 모습을 찾아본다거나 같은 견종끼리 정보를 교류하는 것 등이 이에 속한다.

고객 불만은 고객이 어떤 활동을 수행하기 전후나 하는 동안에 그 활동을 방해하는 것이다. 원치 않는 결과나 문제, 특성, 장애물, 위험 부담 등이 이에 속한다. 예를 들어 고객의 기분을 나쁘게 만드는 것, 밤잠을 이루지 못할 정도로 고민하는 것, 고객이 공통적으로 저지르는 실수 등을 들 수 있다. 반려동물 용품 플랫폼의 경우, 오프라인에서 사료를 구매할 때 너무 무거워 이동하기 어렵거나, 어떤 사료가 나의 반려동물에 잘 맞는 것인지 모른다거나, 사료의 유통 기한이 걱정되는 것이 고객 불만에 속한다.

고객 혜택은 고객이 요구하거나, 기대하거나, 간절히 바라는 혜택이나 이점, 고객을 깜짝 놀라게 만드는 것을 말한다. 시간, 비용, 노력 등 어떤 것을 절감해 주면 좋아할 것 같은지, 고객을 기쁘게 만드는 것은 무엇인지, 고객이 추구하는 것은 무엇인지 살펴봐야 한다. 반려동물 용품 플랫폼을 예로 들면 바로 만들어진 사료를 먹일 수 있다거나, 반려동물 기념일에 어울리는 용품이나 간식이 있다거나, 주문 후 1시간 내에 사료가 배송된다거나 하는 것들이 바로 이에 속한다.

고객 프로필에 관한 가설을 작성했다면 검증할 가설의 우선순위를 정해야 한다. 고객 활동에서 어떤 가설이 더 중요한지, 고객 불만에서는 어떤 가설이 더 극심한 불만인지, 고객 혜택에서는 어떤 가설이 더 필수적인지에 따라 우선순위를 매겨본다.

다음은 가치 맵 부분이다. 고객이 돈을 내야 하는 이유에 관한 부분은 제품 · 서비스(Product & Service), 불만 해결 방안(Pain Relievers), 혜택 창출 방안(Gain Creators)으로 나뉜다. 제품 · 서비스는 고객 가치를 고객이 직접 체감하고 사용해 볼 수 있도록 하는 것을 의미한다. 그 예로는 고객 활동의 주요 활동을 도와주는 제품 · 서비스를 들 수 있다. 불만 해결 방안은 고객 프로필에서 고객 불만을 어떻게 경감시켜 주는지에 관한 것이다. 혜택 창출 방안 역시 고객 프로필에서 고객 혜택을 어떻게 만들 것인지를 작성하면 된다.

고객 프로필과 가치 맵의 각 영역을 서로 매칭하면 제품·서비스의 적합성이 생긴다. 각 영역의 가설들이 고객 인터뷰 및 여러 증거를 이용해 사실로 증명됐을 때는 문제-해결안의 정합성이 생기고, 가치 맵의 각 요소가 실제 고객에게 의미가 있다는 것이 밝혀지면 제품-시장 정합성인 PMF가 생기며, 가치 제안 캔버스가 비즈니스 모델에서 수익을 반복적으로 창출할 때 비즈니스 모델 정합성이 생긴다.

고객(군)

우리의 가장 중요한 고객이 누구인지는 아무리 강조해도 지나치지 않다. 많은 스타트업이 고객을 설정하지 않은 채 제품·서비스를 만드는 경우가 많기 때문이다. 창업팀이 해결하고자 하는 문제와 요구사항을 갖고 있으면서도 고통의 정도가 매우 높은 고객군이 바로 비즈니스 모델 캔버스(BMC)에서 정의해야 하는 고객이다.

BMC에서 고객(군)을 너무 다양하게 정의하거나 고통의 정도가 높지 않은 고객군을 정의한다면 니즈가 서로 다른 여러 고객을 신경써야 하기 때문에 사업의 방향성이 흔들리게 되고, 결국 수익 창출도 어려워지게 된다. BMC에도 각 블록마다 고객군에 대응하는 항목을 적어야 하는데, 이는 비즈니스를 일목요연하게 바라보지 못하게 하는 요인이 된다.

고객군은 중요하므로 많은 고민을 해야 하고, 실제로 쉽게 정의하기 어려운 부분이기도 하다. 고객의 특징은 크게 최종 사용자, 비용을 지불하는 사람, 구매 의사결정자, 추천하는 사람, 구매에 영향을 미치는 사람, 방해하는 사람으로 나눠 볼 수 있다.

이런 구분은 비즈니스 모델에 따라 다르게 나타날 수 있다. 고객 관여도가 높은 비즈니스의 경우에는 하나의 고객군이 제품을 이용하고, 비용을 지불하고, 의사결정을 하고, 추천을 하기도 한다. 하지만 고객 관여도가 낮은 사업의 경우에는 조금 복잡해질 수 있다. 장난감은 주로 아이들이 이용하지만, 비용을 지불하는 사람은 부모님이다. 키즈 유튜브 크리에이터는 아이들에게 장난감을 추천하고, 아이들은 이를 보고 부모님에게 사달라고 조른다.

이처럼 고객의 역할에 따라 고객에게 제공해야 할 가치가 달라질 수 있다. 특히 B2B나 의사결정자, 최종 사용자, 비용 지불자 등이 나뉘어져 있는 사업 아이템은 고객군에 관해 많은 고민을 해야 한다. 예를 들어 B2B나 B2G에서 비용 지불자는 구매부 담당자, 의사결정권자는 해당 부서 팀장이나 부장일 것이다. 추천하는 사람이나 반대하는 사람은 경쟁 부서나 경쟁업체일 수 있고, 최종 사용자도 다를 수 있다.

채널

채널은 고객 가치를 고객에게 어떻게 전달할 것인지에 관한 것이다. 어떤 채널을 이용해 고객에게 가치를 전달할 수 있는지, 어떤 채널이 가장 효과적이고 가장 비용 효율적인지를 살펴봐야 한다. 이에는 물리적인 채널과 가상 채널이 있다. 물리적인 채널은 영업 사원들이 직접 방문해야 하는 채널을 의미한다. B2B나 B2G에서는 여전히 유효한 채널이기도 하다. 가상 채널은 인터넷이나 모바일을 이용한 것이다. 홈페이지, SNS, 문자, 이메일이 이에 해당한다.

채널을 이용하면 우리가 제공하는 제품·서비스에 관한 이해를 높일 수 있고, 구매에 도움이 되기도 한다. 따라서 고객이 주로 어디에서 활동하고, 어디에서 정보를 얻는지에 집중해야 한다. 특히 고객 인터뷰를 할 때 이런 것을 물어보면 채널에 관한 가설을 검증할 수 있을 것이다.

주로 채널에 많이 작성하는 것은 SNS다. SNS는 많은 사람이 이용하기 때문에 그렇게 적는 것일 수도 있지만, 왜 SNS를 적었는지 물어보면 "무료이고, 접근하기가 쉽기 때문"이라고 답한다. 자신이 SNS를 하기 때문에 접근하기가 쉽다는 것이다. 무엇이 잘못된 것인지 눈치챘는가? BMC는 철저하게 고객 중심이어야 한다. 내가 SNS를 많이 한다고 해서 SNS를 채널로 삼으면 어떤 일이 발생할까? 고객이 SNS에 없으면 안 해도 되는 일을 한 셈이 되는 것이다.

또한 SNS를 무료라고 생각하는 사람이 많은데, 실제로는 많은 비용과 시간이 들어간다. 전략을 세우고, 콘텐츠를 만들고, 반응에 관한 리액션을 해 주고, 알고리즘을 파악해야 하기 때문이다. 심지어 SNS는 소셜 네트워크 서비스(Social Network Service)를 통칭한 개념이기 때문에 페이스북, 인스

당근마켓의 전신인 판교장터의 현수막과 전단지

타그램, 틱톡, 유튜브 등을 모두 이용한다는 것은 불가능하고, 비용도 감당할 수 없을 만큼 증가한다.

채널은 오직 고객의 관점에서 생각해야 한다. 우리가 정한 고객(군)이 주로 어디에 많이 있는지, 어떤 곳에서 정보를 얻는지를 이용해 채널을 설정해야 한다. 예를 들어 고객이 주로 오프라인에 있다면 전단지나 현수막이 가장 좋은 채널이 된다. 당근마켓의 전신인 판교장터는 처음에 판교의 IT 회사 직원을 대상으로 만들었다. 그래서 판교 IT회사 직원이 많이 다니는 판교역의 육교를 채널로 삼기로 하고, 드론에 현수막을 붙여 보여 준다. 이후 판교 주민으로 타깃이 확장되면서 판교 지역 아파트에 전단지를 뿌리기도 했다. 고객이 있는 곳이 곧 채널이 되는 것이다.

고객 관계 관리

고객 관계 관리는 고객을 어떻게 확보하고 유지하며, 확대할 것인지에 관한 것으로, 고객군, 가치 제안, 채널과 상호 작용을 한다. 특정 고객(군)과 어떤 형태의 관계를 맺을 것인지는 고객 관계 관리를 이용해 정의해야 하며, 이를 제대로 하지 않으면 비용이 증가한다.

잠재 고객이 있다면 채널로 광고를 해서 실제 고객을 만들게 된다. 하지만 여기서 고객 관계 관리가 되지 않는다면 고객이 이탈할 것이고, 다시 유입시키는 데는 비용이 들게 된다. 만약 단골 또는 충성 고객이 이탈하면 더 많은 비용을 투입해도 다시는 돌아오지 않을 것이다. 그렇기 때문에 고객 관계를 관리하는 것은 매우 중요하다. 잠재 고객에서 실제 고객이 된 고객에게 쿠폰이나 뉴스레터와 같은 관계 관리를 이용해 재구매로 이어지게 해야 하고, 지속적인 재구매를 이용해 충성 고객으로 만드는 것이 고객 관계 관리에서 해야 할 일이다.

고객 관계 관리는 마케팅 전략이라 할 수 있다. 이는 고객을 어떻게 유입시키고, 유지하고, 확대해 나갈 것인지에 관한 것으로 Get Customers,

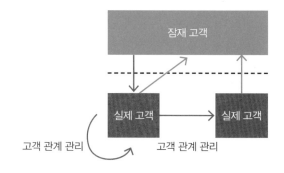

고객 관계 관리의 중요성

Keep Customers, Grow Customers 부분으로 나눌 수 있다. Get Customers 는 고객을 획득하는 부분으로, 고객이 제품·서비스에 어떻게 접근하는 지에 관한 퍼널(Funnel)과 유입된 고객을 이벤트, 쿠폰, 뉴스레터 등으로 유 지시키는 Keep Customers 부분, Up-selling, Cross-selling과 같이 재구매 와 추천을 유도하는 Grow Customers 부분이 모두 고객 관계 관리에 포함 된다.

수익원

수익원은 비즈니스 모델을 움직이게 하는 원동력이라 할 수 있다. 수익원은 고객이 어떤 가치에 대해 돈을 지불하고, 어떤 전략으로 그 가치를 지속시킬 것인지에 관련된 것이다. 수익 모델은 실로 다양하다. 단순히 가격을 바탕으로 거래를 완료하는 방법도 있고, 제품을 무료로 제공한 후 일부를 수익으로 전환시키는 방법도 있다.

수익은 고객에게 성공적으로 가치를 전달했을 때 얻는 재화를 말한다. 고객이 어떤 가치를 위해 기꺼이 돈을 지불하는지, 현재 무엇을 위해 돈을 지불하고 있는지, 어떻게 지불하고 싶어하는지 등을 이용해 수익원을 생각해 볼 수 있다.

수익원의 종류는 일반 제품처럼 물품을 판매해서 얻는 수익원, 통신사나 호텔, 택배회사처럼 특정 서비스를 이용하게 해 주는 대신 받는 수익원, 매달 또는 연간 지속적으로 이용 권한에 관한 수익을 낼 수 있는 월정액, 자동차 리스나 건물 임대처럼 특정 자산을 일정 기간 동안 이용할 수 있는 권리에 관한 대가로 받는 수수료 수익원인 대여 또는 임대료, 고객들에게 지적 재산권의 사용을 허가한 후 사용 수익을 받는 라이선스 등 다양한 수익 모델이 있다.

스타트업에서 가장 수익이 적은 것은 바로 '광고'다. 하지만 미디어 스타트업이 아닌 경우에는 적합하지 않다. 광고를 하기 위해서는 광고를 수주받아야 하는데 광고주의 입장에서 트래픽이 별로 없는 스타트업 서비스에 광고를 할 리는 없다. 애드몹, 애드센스와 같은 광고 상품을 붙이려고 생각하는 곳도 있겠지만, 역시 트래픽 대비 수익이 나오기 때문에 매우 미미할 것이다. 광고는 트래픽에 기반을 두고 가격을 산정하기 때문에 많은 사람이 몰리는 미디어 스타트업이 아니라면 처음부터 광고를 수익원으로 삼기에는 비즈니스 모델이 작동하지 않을 가능성이 크다.

수익은 고객에게 고객이 불편해하는 것을 해결해 주는 가치에 관한 교환으로 지불하는 것이다. 가치의 크기, 문제의 크기만큼 지불하려는 욕구는 더욱 커질 것이다. 그것이 무엇인지 찾아내고, BMC에서 고객, 가치 제안, 채널, 고객 관계 관리를 명확히 파악했다면 수익원도 쉽게 찾아낼 수 있을 것이다.

핵심 자원

핵심 자원은 비즈니스를 원활히 진행하는 데 필요한 중요 자산을 의미한다. 가치 제안에서 어떤 핵심 자원이 필요한지, 채널에는 어떤 자원이 필요한지, 고객 관계와 수익원에는 어떤 자원이 필요한지 살펴보자.

핵심 자원은 물적 지원, 지적 자원, 인적 자원, 재무 자원으로 나눠 볼 수 있다. 물적 자원은 생산 시설, 건물, 자동차, 기계, 시스템, 판매 시스템, 물류 네트워크 등을 말한다. 월마트, 아마존닷컴 같은 유통 기업의 경우 자본 집약적 물적 자원에 의존한다. 지적 자원은 브랜드나 특허, 저작권, 파트너십, 고객 데이터베이스와 같이 개발하기는 어렵지만, 일단 개발하면 상당한 부가가치를 창출하는 것들이다. 나이키의 브랜드나 마이크로소프트의 소프트웨어에 관한 지적 재산권, 퀄컴의 칩 설계 라이선스가 이런 핵심 자원의 지적 자원에 속한다.

인적 자원은 지식 집약적이고 창조적인 산업 분야에서 특히 중요하다. 배양육을 개발하는 '씨위드'의 경우, 배양육을 연구하는 연구원들이 가장 중요한 핵심 자원이라 할 수 있다. 보험 회사의 경우에는 영업팀이 중요한 핵심 자원일 것이다. 재무 자원에는 현금이나 신용 한도, 핵심 인력을 유인하기 위한 스톡 옵션 등이 있다. 렌털 비즈니스의 경우에는 재무 자원이 매우 중요하다. 제품을 미리 생산 또는 구매해 그것을 특정 기간 동안 빌려줘야 하기 때문에 비용이 많이 들어간다.

고객에게 가치를 전달하기 위해서는 어떤 것이 가장 중요한 자원인지를 생각해 본다면 우리의 핵심 자원이 무엇인지도 파악할 수 있을 것이다.

핵심 활동

핵심 활동은 기업이 비즈니스를 제대로 영위하기 위해 꼭 해야 할 중요한 일을 의미한다. MS의 핵심 활동은 소프트웨어를 개발하는 것이고, 배달의 민족의 핵심 활동은 사용자 리뷰를 확보하거나 배달 음식점 정보 데이터베이스를 구축하는 것이다.

가치 제안에는 어떤 핵심 활동이 필요한지, 채널과 고객 관계, 수익원을 위해서는 어떤 핵심 활동이 필요한지를 살펴보면 된다. 컨설팅 회사나 서비스 조직에서는 고객이 처한 문제에 관한 해결책을 찾는 것이 중요하다. 이런 곳에서의 핵심 활동은 새로운 해결책을 찾아내는 문제 해결 능력일 것이다. 생산 활동을 위주로 하는 제조 회사의 핵심 활동은 생산이고, 우수한 품질의 제품을 설계, 제작, 운송하는 것이 이에 포함될 것이다. 양쪽의 니즈를 연결하는 비즈니스의 핵심 활동은 플랫폼이나 네트워크와 관련된 것이고, 고객의 데이터베이스 구축도 중요한 활동에 포함된다.

핵심 활동을 작성하는 이유는 집중해야 할 활동이 무엇인지 이해하고, 불필요한 활동을 줄여 효율성을 높여야 하기 때문이다. 활동을 나열한 후 이미 작성한 가치 제안이나 고객군, 채널, 고객 관계 관리를 보면서 이와 연계된 활동을 추리고 그중에서도 더 중요하다고 생각되는 부분만 작성하면 된다.

핵심 파트너

핵심 파트너는 비즈니스 모델을 원활하게 작동시켜 줄 수 있는 공급자나 파트너를 의미한다. 파트너에게서 어떤 핵심 자원을 획득할 수 있는지, 주요 공급자는 누구인지, 파트너가 어떤 핵심 활동을 수행하는지, 파트너에게 무엇을 받고, 무엇을 줄 것인지를 고려해 작성한다.

파트너를 구축하는 이유는 최적화와 규모의 경제를 위해서다. 한 기업이 모든 자원을 보유하거나 모든 활동을 직접 수행하는 것은 비효율적이다. 따라서 파트너를 이용해 규모가 커질수록 비용이 절감되는 규모의 경제를 이루고, 자원이나 인프라도 공유해야 한다. 또 다른 이유로는 '리스크 감소'가 있다. 파트너를 이용해 서로 부족한 부분을 보완하고, 정보를 교류하면 불확실한 상황에 대응할 수 있다. 자원이나 활동을 획득하기 위해 파트너를 구축하기도 한다. 라이선스를 얻거나 같은 고객을 보유하고 있을 경우 고객에게 쉽게 접근하기 위해 파트너를 맺는다.

파트너 제휴에는 여러 가지 방법이 있다. 전략적 제휴, 트래픽 제휴 등 목적에 따라 제휴의 형태가 달라진다. 다만 한 번 파트너를 맺으면 쉽게 헤어질 수 없고, 고객에 관한 책임이나 소유권에 관한 이슈, IP에 관한 이슈 등이 발생할 수 있다.

핵심 파트너를 처음부터 확보하기는 어렵다. 스타트업과 파트너를 맺으려는 곳은 드물기 때문이다. 처음에는 파트너 의존도를 낮춰야 한다. 추후 스케일업을 위해 어떤 것이 필요한지 생각해 보고 그에 따라 파트너를 정하면 된다. 하지만 비즈니스를 하는 데 꼭 필요한 파트너가 있다면 이들을 설득할 수 있는 뭔가를 갖고 있어야 할 것이다. 그 뭔가는 기술력일 수도 있고, 인적 자산일 수도 있고, 열정일 수도 있다.

개발자를 위한 스타트업

비용

비즈니스 모델을 운영할 때 발생하는 모든 비용이 이에 속한다. 가장 중요한 비용이 무엇인지, 어떤 핵심 자원을 확보하는 데 가장 많은 비용이 드는지, 어떤 핵심 활동을 수행하는 데 가장 많은 비용이 드는지를 이용해 비용을 작성한다.

비용은 주로 인건비나 임대료, 세금 등과 같은 '고정 비용', 수수료, 마케팅 비용과 같은 '변동 비용'이 있다. 비용은 최대한 줄이고, 수익은 늘리는 비즈니스 모델을 구축하는 것이 좋지만, 비용 구조에 따라 전략이 달라질 수 있다.

비용 절감에 최대한 초점을 맞추면, 저가 정책이나 최대한 자동화를 하거나 아웃소싱을 확대하는 방식으로 비즈니스를 진행해야 한다. 반면, 가치 주도라면 가치를 좀 더 고급스럽게 제안하고, 고도의 맞춤화 등으로 비즈니스를 진행해 비용에 관한 것보다는 가치를 높여 좀 더 높은 수익에 초점을 맞추게 된다.

간혹 좋은 제품·서비스를 저렴한 비용에 제공하고 싶어하는 기업이 있다. 하지만 경영학적으로 두 가치는 양립할 수 없다. 좋은 제품·서비스에는 높은 비용이 들어갈 수밖에 없고, 비용이 저렴해지면 품질이 나빠질 수밖에 없다. 이를 극복하기보다는 하나에 포커스를 맞춰 비용 주도의 비즈니스 모델 또는 가치 주도의 비즈니스 모델을 정하는 것이 비즈니스 전략을 더 효과적으로 수립하는 방법이다.

PART

08

사업계획서 구성과
작성 방안

정부 지원 사업 선발 과정은 1차는 서류 심사, 1차에서 합격한 사람을 대상으로 2차 대면 발표 평가를 실시한다. 심사위원들은 하루에 수십 개의 사업계획서를 읽고 평가해야 한다. 사업마다 평가 항목은 약간 차이가 있긴 하지만, 보통 평가 기준은 지원의 필요성, 창업자의 역량, 기술성, 시장성, 추진 계획 등이다.

정해진 양식에 따라 작성하기 때문에 모두 비슷해 보이지만, 하나씩 읽어 보면 준비된 기업과 준비되지 않은 기업을 구별할 수 있다. 가장 황당한 것은 자신의 경력만 나열하고, 각 항목에 대해서는 거의 한 문장으로 쓴 이력서 같은 사업계획서다. 억지로 쓴 사업계획서는 탈락될 수밖에 없다. 창업자가 누구인지, 대기업 출신인지, 고학력자인지는 아무도 관심을 갖지 않는다. 사업계획서에 작성한 내용을 실제 사업에서 실행할 수 있는지가 중요하다. 너무 글이 많아 문제가 되는 경우도 있다. 사업계획서에 사족이 너무 많으면 무슨 말인지 알 수 없기 때문이다.

반면 잘 작성한 사업계획서는 읽는 사람으로 하여금 집중하게 만든다. 마치 한 편의 재미있는 글을 읽는 듯한 느낌을 받게 한다. 잘 작성한 사업계획서와 그렇지 못한 사업계획서의 차이는 '일관성'과 '논리성'이다. 사업계획서의 목적은 읽는 사람을 설득하는 것이다. 전체적으로 일관성이 있고, 논리로 연결돼 있어야 상대방을 설득할 수 있다. 사업 아이템의 개요, 기술성, 시장성 등 각 항목을 서로 다른 글처럼 쓰는 것이 아니라 하나의 글처럼 이어지게 작성된 사업계획서는 합격한 것이나 다름없다.

8장에서는 사업계획서는 무엇이고, 어떻게 작성해야 하는지 알아본다.

사업계획서란?

사업계획서는 창업하고자 하는 사업에 관련된 전반적인 개요와 계획을 체계적으로 정리한 문서다. 비즈니스 모델 캔버스가 비즈니스를 전개하기 위해 필수적인 구성 요소별로 연결성을 모델화시켜 놓은 것이라면, 사업계획서는 사업의 목적과 그것이 달성할 수 있다고 믿는 근거, 구체적인 계획이 추가된 공식 문서다.

사업계획서는 특정한 목적을 갖고 있기 때문에 그 목적에 따라 강조할 점이 달라지기도 한다. 따라서 어떤 용도로 사용할 것인지에 따라 적합한 방향으로 작성해야 한다. 내부 운영을 위한 사업계획서는 팀워크를 향상시키는 용도로 사용한다. 부분별 사업 내용을 점검해 기회나 위험 요소를 파악하는 용도로 사용할 수도 있다. 구상한 사업을 체계적으로 정리할 수 있는 기회로 사용하기도 한다.

외부 자금을 유치하기 위한 사업계획서라면 심사 기관이나 심사위원으로 하여금 사업의 내용을 쉽게 이해할 수 있도록 핵심적인 사항을 중심으로 간단 명료하게 작성하고, 연결이 논리적이어야 한다. 투자자나 보증 기관, 정부 기관에 회사의 비전을 제시하고, 왜 투자를 해야 하는지, 왜 지원을 해 줘야 하는지를 설득할 수 있어야 한다.

사업계획서는 용도에 따라 강조점을 달리해야 한다. 이해 관계자가 누구냐에 따라 전달 포인트가 다를 수 있기 때문이다. 똑같은 사업계획서를 여러 곳에 사용하는 것이 아니라 목적에 따라 달리 사용해야 한다. 회사를 소개하는 용도, 자금을 신청하는 용도, 투자 유치, 기술 평가, 인허가, 주요 인증, 입찰 제안에 사용하는 용도가 따로 있다.

투자를 유치하기 위한 사업계획서라면 투자 기관의 목적이나 의도를 명확하게 파악하고, 투자자가 투자금을 회수할 수 있는 방안을 제시해야 한다. 또한 시장의 미래성이나 발전성, 수익성, 경영진의 능력 등을 강조해야 한다.

기술 평가용 사업계획서라면 기술의 경쟁성, 시장성, 사업화 가능성 위주로 작성해야 한다. 기술 개발 전략, 로드맵 등 기술과 관련된 내용에 더 신경써야 하고, 경쟁 기술의 현황이나 해외 기술과의 차별점, 기존 기술과의 비교 등에 중점을 둬야 한다. 입찰 제안용 사업계획서는 기업의 신용과 안정성을 중시하기 때문에 성과 위주로 작성해야 하고, 수요 자금, 자금 운용 계획, 상환 계획 등 자금 흐름과 관련된 항목을 구체적으로 작성해야 한다.

정부 지원 사업

예비 또는 초기 스타트업이 가장 빠르게 자금을 조달할 수 있는 방법은 정부 지원 사업이다. 정부 지원 사업에 관련된 내용은 K-스타트업(https://www.k-startup.go.kr)을 참조하기 바란다. 창업자라면 수시로 들어가서 확인해야 한다. 정부 지원 사업은 사업자등록증을 낸 후 7년 이내의 기업까지만 가능하다. 그 이후는 R&D나 소상공인 판로 개척 지원 사업 등이 있긴 하지만 대부분은 7년 이내의 기업, 그중에서도 3년 이내의 기업에 초점이 맞춰져 있다.

예비 창업자는 사업자등록증이 없는 상태를 뜻한다. 개인 사업자도 해당되지 않는다. 이때 받을 수 있는 정부 지원 사업으로는 실전 창업 교육, 예비 창업 패키지, 청년창업사관학교가 있다. 청년창업사관학교는 만 39세 이하만 지원할 수 있고, 예비 창업 패키지는 만 40세 이상도 가능하지만, 선정 인원 수에 제한이 있다. 이때는 최대 1억 원까지(자부담 포함) 지원해 주는데, 사업계획서와 발표 등의 점수를 합산해 사업 규모에 따라 차등 지급된다. 실전 창업 교육은 창업에 필요한 내용을 교육해 주는 지원 사업인데, 이 사업을 이수하면 전국 예비 창업 패키지의 1차 서류 심사를 면제받을 수 있다.

창업 1~3년 이내의 기업은 초기 창업 패키지를 받을 수 있는데, 이 또한 최대 1억 원(자부담 포함)까지 가능하다. 초기 창업 패키지는 대학이나 각 지역의 창조경제혁신센터 또는 민간 기관에서 주관한다. 창업 3~7년 이내의 기업은 창업 도약 패키지를 받을 수 있다.

이외에도 사업 분야에 따라 다양한 지원 사업이 있다. 이에 관한 내용은 매해 초 중소벤처기업부에서 발표하는 창업 지원 통합 공고를 확인하

□ 총 괄

○ 그간 중앙부처 중심 → '21년부터는 **광역지자체 사업까지 포함**하여, 통합공고 **참여기관·대상사업이 크게 증가**

* ('20년) 16개 중앙부처 90개 사업 → ('21년) 32개(중앙 15, 지자체 17) 기관 194개 사업

< 연도별 창업지원 통합공고 현황 >

(단위 : 개, 억원)

구분	'16년	'17년	'18년	'19년	'20년	'21년
참여기관	6	7	7	14	16	32
중앙	6	7	7	14	16	15
지자체	-	-	-	-	-	17
대상사업	65	62	60	69	90	194
중앙	65	62	60	69	90	90
지자체	-	-	-	-	-	104
지원예산	5,764	6,158	7,796	11,181	14,517	15,179
중앙	5,764	6,158	7,796	11,181	14,517	14,368
지자체	-	-	-	-	-	811

중기부 공고 제2021-2호, 창업 지원 사업 통합 공고

면 된다. K-스타트업이나 중기부 홈페이지에서 다운로드할 수 있는데, 구글에서 '창업 지원 사업 통합 공고'를 검색한 후 해당 연도를 선택하면 된다. 보통 연초에 중기부 공고 1호 또는 2호에 나오기 때문에 해당 연도의 1호나 2호를 찾아보면 된다. 위 그림에서 볼 수 있듯이 정부 지원 사업은 매해 지원 예산이 증가하고 있다. 지금이야말로 창업을 하기에 가장 좋은 시기다.

중기부 창업 지원 통합 공고의 후반부에서는 구체적인 사업별 세부 내역을 확인해 볼 수 있다. 앞서 이야기한 예비 창업 패키지, 초기 창업 패키지, 청년창업사관학교 등은 큰 틀에서 모든 분야의 스타트업이 받을 수 있는 대표적인 지원 사업이다. 여기에는 사업의 분야별로 받을 수 있는 지원

연번	사업명	사업개요	지원내용	지원대상	전담(주관)기관	사업규모(억원)	사업공고	소관부처
◇ 사업화 (94건)								
1	· 실험실 특화형 창업 선도대학 육성	대학 실험실의 후속 R&D 및 BM 수립 고도화 지원 등을 통해 실험실 창업에 특화된 창업선도대학 육성 및 기술창업 활성화	① (교육부) 실험실 교직원 인건비 및 운영비, 교육과정 개발·운영비, 학생 창업수당 등 실험실 창업 인프라 조성 지원 ② (과기부) 실험실 창업적합기술에 대한 후속 R&D 자금, 기술 사업화 모델 개발 등 실험실창업 준비 지원	대학 및 창업유망 기술보유 실험실 (교수, 대학원생)	한국연구재단 (산학협력진흥팀)	211.8 (교육35.9, 과기175.9)	'21.2월	교육부 (산학협력일자리정책과) 과기정통부 (연구성과일자리정책과)
2	· 데이터 활용 사업화 지원(DATA-Stars)	데이터에 핵심 가치를 둔 데이터 활용 기반의 우수 서비스 및 비즈니스 모델을 발굴하여 경쟁력을 갖춘 혁신 기업으로 성장하도록 육성 지원	① 사업화지원금 ② 지원 프로그램(VC멘토링, 데이터 특화 컨설팅, 데이터 인프라 지원) 운영 및 데모데이 등 각종 네트워킹 지원	데이터 기반 비즈니스 모델을 가진 7년 이내 창업기업	한국데이터 산업진흥원 (산업지원실)	25.5	'21.3월	과기정통부 (빅데이터 진흥과)
3	· K-Global 액셀러레이터 육성	ICT 분야에 특화된 액셀러레이터의 글로벌 역량을 강화하여 유망 스타트업의 발굴, 육성 및 투자유치 활동 전반을 지원	① 사업화 및 기술지원, 멘토링 네트워킹 시설자원 홍보지원 등 글로벌 액셀러레이팅 프로그램 운영 ② 글로벌 네트워크 확대, 수행 인력 전문성 강화를 위한 활동 지원 액셀러레이터 역량강화 지원	중소기업창업법 제19조의 2에 따라 중소벤처기업부에 등록한 민간창업자 (단 대표자는 국내외 액셀러레이터 대표)	정보통신 산업진흥원 (글로벌성장실)	20	'21.3월	과기정통부 (정보통신 산업기반과)
4	· K-스타트업 정보보호 초기창업기업 육성	우수 아이디어 및 제품을 보유한 유망 예비창업자, 스타트업을 선발하여 창업, 사업화 지원을 통해 우수 정보보호 스타트업으로 양성	지재권 취득을 위한 교육 및 멘토링 등	예비창업자 및 3년 이내 창업기업	한국데이터 산업진흥원 (산업지원실)	0.96	'21.3월	과기정통부 (정보보호 산업과)

해당 연도의 구체적인 지원 사업별 세부 내역을 볼 수 있다.

사업들이 나열돼 있다. 이를 이용하면 지원 사업 로드맵을 만들어 볼 수 있다. 또한 지역별로 받을 수 있는 지원 사업도 있기 때문에 해당하는 지역에 어떤 지원 사업이 있는지도 살펴볼 수 있다.

정부 지원 사업의 1차는 대부분 서류 심사다. 이 서류 심사에서 중점적으로 보는 것은 사업계획서다. 사업계획서를 제대로 쓰지 못하면 대면 발표 평가인 2차 심사도 보지 못하게 된다.

정말 좋은 사업 아이디어인데 잘 표현하지 못해 떨어지는 경우도 많다. 사업은 누군가를 설득해야 하는 일이기 때문이다. 사업을 한다는 것은 고객, 투자자, 직원을 설득해야 하는 설득의 연속이다. 문서 서류일 뿐인지는 모르지만, 이 그 문서 하나로 심사위원을 설득할 수 있어야 지원 사업을 수행할 수 있다.

사업계획서의 특징

사업계획서의 특징은 다음과 같다. 우선 전달하고 하는 내용의 핵심을 간단하고 명확하게 표현해야 하며, 일관성이 있어야 한다. 그래야만 문서의 이해도, 신뢰도, 객관성을 높일 수 있다. 사업계획서의 신뢰도를 높이기 위해서는 검증된 객관적인 자료를 근거로 제시하고, 출처를 명확하게 밝혀야 한다. 또한 다른 사업에 비해 어떤 강점이 있는지 차별점을 명확하게 제시해야 하고, 해당 산업의 전문 지식이 없더라도 이해할 수 있도록 단순 명료하게 작성해야 한다.

사업계획서를 작성할 때는 기본적으로 전체 목차 구성에 관한 작성 방향을 설정해야 한다. 이미 양식이 정해져 있는 경우에는 작성에 필요한 내용을 확인한 후 각 항목의 연결점들을 찾아야 한다. 또한 시장 분석을 이용해 해당 산업 분야에서 비슷한 사업 내용에 관한 사업계획서를 확보해 참고하면 도움이 될 것이다. 찾을 수 없더라도 시장 조사를 이용해 객관적 자료들을 확보해 둬야 한다.

여기서 가장 좋은 방법은 대면 인터뷰다. 심사위원을 설득할 때는 고객의 의견이 가장 중요하다. 실제 그 비즈니스를 움직이는 것은 고객이기 때문이다. 따라서 고객의 의견을 자료로 첨부하면 신뢰도가 매우 높아진다. 그냥 인터넷에서 설문조사한 것이 아니라 고객을 직접 만나 심도 있는 인터뷰를 했다는 것은 심사위원으로서 그냥 지나칠 수 없는 훌륭한 사회적 증거가 된다.

또한 그림을 잘 그려야 한다. 사업계획서는 말 그대로 '계획'이다. 앞으로 일어날 일에 관한 계획인 것이다. 미래는 누구도 예측할 수 없다. 사업계획서는 현실이 되기 전에는 그림에 불과하다. 다만 누가 더 현실화될 가능성이 높은 그림을 그려 설득력을 높이는지가 관건이다. 매출, 비용 계획, 손익 분기점 모두 상상 속의 그림일 뿐이지만, 허무맹랑한 이야기인지 그럴듯한 이야기인지에 따라 결과는 달라진다. 따라서 목표로 하는 수치들에 대해서는 명백한 근거 자료를 만들어야 한다. 또한 내용에 문제가 없는지 점검하고 피드백을 받아야 한다. 목표하는 수치가 나올 때까지 점검과 피드백받는 것을 반복하는 것이 좋다.

사업계획서는 크게 보면 '스토리텔링'이다. 스토리텔링을 이용해 상대방을 설득하는 과정이기 때문에 전체적인 구성을 먼저 잡은 후 살을 붙여나간다. 우선 문제를 제기한 후 그 문제를 해결하기 위한 방법을 제시하고, 문제 해결 방법을 실현할 수 있는 핵심 역량을 입증하는 순으로 구성하면 된다. '많은 사람이 고통받고 있는 문제가 있는데, 사람들에게 실제로 물어보니 이런 문제가 존재하더라. 그래서 우리는 이 문제를 이런 방식으로 해결하려는데, 이런 방식으로 이 문제를 해결할 수 있는 곳은 우리밖에 없다.'라고 작성하는 것이다.

사업계획서에 들어가는 항목에는 표지, 사업 요약, 회사 개요, 사업 개요, 제품 및 기술 현황, 시장 환경, 개발 계획, 투자 계획, 마케팅 계획, 조직 및 인원, 매출 및 이익 계획, 투자 제안 등이 있다. 우선 표지는 기업명, 로고, 기업 정보, 연락 정보 등 회사를 소개하는 첫 페이지이므로 간결하게 적는다. 사업 요약은 사업 모델, 시장 전망, 적용 기술, 투자 금액, 사업 비전 등을 작성하는 곳으로, 누구나 이해할 수 있게 작성하고, 제품·서비스에 관한 차별점, 경쟁우위가 잘 드러나도록 작성해야 한다. 회사 개요에는 회사의 비전이나 목표에 관련된 정량적인 수치를 제시하거나 경영 조직의 핵심 역량을 적는다. 사업 개요는 사업의 필요성, 효과, 배경, 전략 등을 적는다. 단계별 사업 방향 및 전략을 작성하고, 핵심 역량이나 사업 목표를 강조한다.

제품 및 기술 현황에는 제품 관련 기술이나 특징 효과를 작성하면 되는데, 경쟁 제품과의 비교 분석을 이용해 경쟁 우위에 있는 점을 기록하고, 차별성을 강조한다. 시장 환경은 시장 현황, 규모, 전망, 경쟁 현황 등을 작성하고, 환경 분석 결과를 이용해 성공 가능성이 높다는 것을 강조한다.

시장 분석 자료는 반드시 출처 및 근거를 제시해야 객관성을 확보할 수 있다. 개발 계획은 개발 현황, 인력, 비용, 일정을 적고, 지금까지의 개발 성과를 바탕으로 향후 개발에 필요한 비용 및 인력 등을 적는다. 투자 계획은 투자 금액에 관한 명확한 산출 내역을 제시해야 하고, 구매할 장비에 관한 상세 금액 및 구매처를 적는다.

마케팅 계획에는 타깃을 바탕으로 한 채널을 적고, 채널에는 목표 수치와 목표 수치를 통해 달성할 수 있는 매출 또는 결과를 적는다. 마케팅 예산을 작성한 후에는 어떤 근거로 예산을 설정하게 됐는지를 적는다. 조직 및 인원에는 조직 계획, 인력 계획, 인건비 계획을 적는다. 핵심 인재 구성 내역 및 확보 방안을 작성하면 된다. 투자 제안에는 투자 포인트, 주식 가치 산출, 투자 제안을 적는데, 이때는 투자자가 얻을 수 있는 이익과 투자 회수 방안을 제시해야 한다.

만약 정부 지원 사업이라면 분명히 목적이 있을 것이다. 정부 지원 사업의 목적은 취업률을 높이는 데 있다. 회사가 성장하면 고용이 늘어나고 그만큼 취업률이 높아지기 때문이다. 따라서 정부 지원 사업의 사업계획서에는 인력을 얼만큼 고용할 것인지에 중점을 두는 것이 좋다.

사업계획서를 작성할 때 유의할 점

사업계획서를 작성할 때는 핵심 내용을 중심으로 작성해야 한다. 사족이 너무 많으면 심사위원이 읽지 않을 수도 있다. 투자자에게는 하루에도 수백 개의 사업계획서가 온다. 정부 지원 사업의 심사위원도 보통 100개 이상의 사업계획서를 살펴보게 된다. 더욱이 평가 시간이 정해져 있기 때문에 빠르게 보고 평가해야 한다. 정부 지원 사업 심사위원이 1차 서류 심사에서 사업계획서를 볼 때 중점적으로 살펴보는 것은 2차 대면 평가에서 만나고 싶은 팀을 골라내는 것이다. 따라서 좀 더 자세한 이야기가 듣고 싶은 팀을 선정하게 된다.

투자 유치가 목적이라면 잠재 시장 분석도 중요하다. 투자자는 수익을 기대하고 투자를 하기 때문이다. 따라서 잠재 시장의 수익성, 성장 가능성, 향후 전망 등을 이용해 투자해야 하는 이유를 제공해야 한다. 또한 자금 운용 계획이나 투자 자금을 받으면 어떻게 사용할 것인지, 투자 회수 방안은 무엇인지도 구체적인 수치로 제공해야 한다.

사업계획서는 한 편의 '스토리텔링'이라고 했다. 스토리텔링에서 중요한 것은 바로 '기승전결'이다. 스토리에는 긍정적인 이야기만 있는 것이 아니다. 위기를 극복하는 과정도 들어가야 한다. 사업계획서도 이와 마찬가지다. 너무 긍정적인 이야기만 한다거나 장밋빛 미래만 서술하면 설득력이 떨어진다. 사업을 하는 과정에서 발생할 수 있는 문제점과 장애물을 적은 후 이를 어떻게 극복할 것인지를 제시한다면 설득력 있는 사업계획서가 될 것이다.

기술력을 바탕으로 창업할 때 전문 용어를 남발하는 경향이 있다. 자신이 전문가라는 것을 내세우고 싶은 마음도 있고, 자신은 자연스럽게 사용했지만, 다른 사람에게는 어렵게 느껴질 수 있다. 특히 개발자는 더욱 이런 함정에 빠질 우려가 크다. 사업계획서를 읽는 주체는 투자자나 심사위원이고, 그들은 기술 분야를 창업자만큼 알지 못한다. 투자자나 심사위원은 비즈니스 전문가다. 이 비즈니스가 성장할지, 못 할지를 판단할 뿐이다. 따라서 전문 용어가 아니라 누구나 쉽게 이해할 수 있는 내용으로 작성해야 한다. 물론 이 또한 사업계획서의 목적에 따라 다르다. 해당 분야의 전문가들로 구성된 심사라면 당연히 업계의 트렌드나 전문 지식을 반영한 내용으로 작성해야 한다.

사업계획서는 보통 텍스트로 작성하지만, 도표를 넣어도 된다. 복잡하게 텍스트로 서술하기보다는 도표로 흐름을 보여 주는 것이 도움이 된다. 또한 인포그래픽처럼 한눈에 이해할 수 있는 이미지를 넣어도 심사위원이나 투자자의 입장에서 사업에 관한 내용을 빠르게 이해할 수 있다.

사업계획서를 작성한 후에는 멘토에게 피드백을 받아 수정, 보완해야 한다. 해당 사업에 선정된 기업의 대표에게 물어보거나 사업계획서에 전문성이 있는 사람에게 문의해도 된다. 간혹 사업계획서를 작성해 주고 지분을 요구하는 사례가 있다. 창업 멤버가 아닌데 창업 초기에 지분을 거래하는 것은 매우 위험하다.

예비창업패키지 일반·특화 분야 사업계획서

※ 본문 5페이지 내외(일반현황, 창업아이템 개요 제외)로 작성(증빙서류 등은 제한 없음), '파란색 안내 문구'는 삭제
하고 검정색 글씨로 작성하여 제출, 양식의 목차, 표는 변경 또는 삭제 불가(행추가는 가능, 해당사항이 없는 경
우 공란으로 유지)하며, 필요시 사진(이미지) 또는 표 추가 가능

□ 일반현황 (※ 온라인 신청서와 동일하게 작성)

신청 분야(택 1)	□ 일반분야		□ 특화분야(소셜벤처 분야 제외)			
창업아이템명	신청·접수 마감일에는 문의 및 접속이 원활하지 않을 수 있으므로, 마감일 2~3일 이전에 'K-startup 가입 및 사업신청'을 미리 진행하는 것을 권장					
신청자 성명			생년월일	1900.00.00	성별	남 / 여
직업	교수 / 연구원 / 일반인 / 대학생...	사업장 설립 예정지	○○도 ○○시			
팀 구성 (신청자 제외)						
순번	성명	담당업무	주요경력		비고	
1	○○○	마케팅	○○대 경영학 전공		채용예정(21.8)	
...						

□ 창업아이템 개요(요약)

창업아이템 소개	※ 핵심기능, 소비자층, 사용처 등 주요 내용을 중심으로 간략히 기재	
창업아이템의 차별성	※ 창업아이템의 현재 개발단계를 포함하여 기재 예) 아이디어, 시제품 제작 중, 프로토타입 개발 완료 등	
국내외 목표시장	※ 국내 외 목표시장, 판매 전략 등을 간략히 기재	
이미지	※ 아이템의 특징을 나타낼 수 있는 참고 사진(이미지) 등 삽입	※ 아이템의 특징을 나타낼 수 있는 참고 사진(이미지) 등 삽입
	< 사진(이미지) 등 제목 >	< 사진(이미지) 등 제목 >

예비 창업 패키지 사업계획서 예시

MVP 이해 및 개발

고객 인터뷰가 끝났다면 고객이 지닌 문제를 해소해 줄 수 있는 해결책을 만들어야 한다. 앞서 이야기했듯이 곧바로 자동차를 만드는 것이 아니라 고객의 문제와 니즈에 초점을 맞춘 최소 기능 제품인 스케이트보드를 만드는 것에서 시작해야 한다. 여기서 고객 인터뷰를 이용해 손잡이가 있으면 더 빠르게 이동할 것이라는 가설이 검증됐다면 킥보드를 만들고, 바퀴가 더 크면 더 빠르게 이동할 것이라는 가설이 검증됐다면 자전거를 만드는 방식이 바로 MVP이다. MVP는 고객 인터뷰를 이용해 고객 가치에 관한 개선점을 찾아낸 후 보완해 나가는 것을 말한다.

스터디파이가 처음 시작될 수 있었던 MVP를 진행한 블로그
(출처: https://challengekim.tistory.com)

2021년까지 21.5억 원의 시리즈 A 투자를 받은 '스터디파이'라는 교육 플랫폼을 운영하고 있는 김태우 대표는 온라인에서 공부를 하는 사람은 완주율이 낮다는 문제점을 확인했고, 이를 해결하기 위해 간단한 MVP를 만들었다. 블로그에 글을 게시한 것이다. 가설은 사람들은 온라인에서도 끝까지 공부하고 싶어한다는 것이었고, 이를 검증하기 위해 완강을 하고 나면 강의료 중 일부를 돌려 주는 방식을 채택했다.

수강생이 10명 정도일 거라 생각했는데, 다음 날 확인해 보니 30명이었다. 이후 고객의 반응을 보면서 강의들을 테스트했고, 이 결과를 바탕으로 스터디파이 서비스를 만들기 시작했다(참고 영상: https://youtu.be/SvvxDv1qLoI).

Request from Anywhere

Request a car by telling Uber where you are. Text us your address, or use our iPhone or Android apps to set your pickup location on a map.

Ride with Style and Convenience

Uber will send the nearest driver to pick you up, and text message you an estimated arrival time. Cars usually arrive within 5-10 minutes.

Your licensed professional driver will park curbside in a sleek black car. Uber will text you again when the car arrives.

Hop in the car, tell the driver your destination and you'll be on your way.

Hassle Free Payments

When the ride is over, Uber will automatically charge your credit card on file. No cash is necessary. Please thank your driver, but tip is already included.

Uber's fare is comprised of a time and distance calculation:

$8.00 base + $4.90 per mile + $1.25 idle minute = Uber fare

$15.00 minimum. NO TIP NECESSARY—included in the fare.

You can be riding Uber in minutes!   SIGN UP NOW

우버의 초기 MVP 페이지

공유 경제의 한 획을 그은 '우버'는 파리 여행 중에 택시 잡는 것이 불가능하자 '버튼 하나로 택시를 부를 수 없을까?'라는 생각에서 시작됐다. MVP는 초기 3대의 자동차로 모바일 앱을 이용해 샌프란시스코에서 테스트를 시작했다. 'UberCab'이라는 이 모바일 앱은 몇 번의 터치만으로 리무진 택시를 예약할 수 있었다. 앱의 기능은 예약을 받고, GPS를 이용해 경로를 안내하고, 신용카드로 결제하는 것이었다. 이를 이용해 125만 달러의 투자를 받게 되고, 이후 MVP를 지속적으로 발전시키게 된다. 이후 요금을 나눠 낼 수 있는 모바일 지갑과 연동하거나 가장 빠르게 올 수 있는 드라이버를 매칭시켜 주는 기능을 추가한다.

고객의 문제 해결에 초점을 맞춘 기능만으로 구성된 서비스를 제공하고, 그에 관한 피드백을 받은 후 확장시켜 나가는 것이 MVP라 할 수 있다. MVP를 만드는 이유는 비용을 최소화하면서 고객에게 가장 필요한 제품·서비스를 만들기 위해서다.

개발자를 위한 스타트업

MVP란?

사람들이 많이 헷갈리는 것이 스토리보드, 와이어 프레임, 프로토타입, 목업, MVP 등과 같은 용어의 개념이다. 가장 작은 개념은 와이어 프레임이다. 와이어 프레임은 단순히 레이아웃(Layout), UX, UI에 관련된 것이다. 여기에 정책이나 프로세스가 더해지면 '스토리보드(Storyboard)', 각 요소 간의 인터렉션이 더해지면 '프로토타입(Prototype)'이 된다. 또한 제품의 경우, 실물과 비슷한 정적인 형태의 모형을 만드는 것을 '목업(Mockup)'이라고 한다. MVP에는 고객에게 제안할 가치가 반영돼야 한다. 다시 말해 고객 인터뷰를 이용한 피드백을 기반으로 생존하기 위한 최소한의 노력을 들여 만든 기능을 구현한 제품·서비스다.

다음 그림은 'Product Market Fit'을 나타내고 있다. 시장은 타깃 고객과 드러나지 않은 니즈, 제품은 UX, 기능, 가치 제안으로 구성돼 있다.

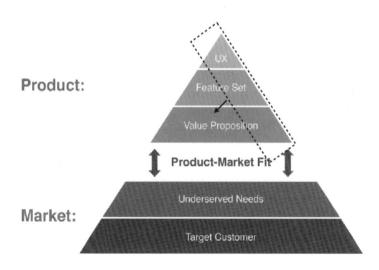

Product-Market Fit 피라미드

제품과 시장이 맞아떨어지는 지점이 PMF가 일어나는 순간이다. 다만 MVP는 제품·서비스의 모든 UX, 기능, 가치 제안을 담아낸 것을 만드는 것이 아니라 UX의 약간, 기능의 약간, 가치 제안의 약간에 집중해 만드는 것이다. 이 약간은 물론 고객의 니즈에 맞닿아 있어야 한다. 그리고 고객의 피드백을 받으면서 UX, 기능, 가치 제안으로 확장해 나가는 것이 MVP를 만드는 목적이다.

우리는 주로 사용하는 엑셀이나 프레젠테이션의 기능을 모두 사용하지 못한다. 대부분 몇 가지 기능만 주로 사용한다. 소프트웨어 프로젝트에서 자주 사용하는 기능은 20%이고, 나머지 80%의 기능은 거의 사용하지 않는다고 한다. MVP는 고객의 반응을 보고 자주 사용할 20%를 먼저 만드는 것을 의미한다. 즉, 최소한의 노력과 개발로 완성할 수 있는 제품·서비스가 MVP다.

린스타트업의 저자인 에릭 리스(Eric Ries)는 MVP를 '최소한의 리소스로 고객의 피드백을 얻고, 이를 쉽게 제품 개발에 반영할 수 있도록 설계된 제품'이라고 정의했고, 스티브 블랭크는 '처음 릴리즈됐을 때 고객이 지불할 의사를 갖는 최소한의 특징을 지닌 제품'이라고 정의했다. MVP는 프로토타입에 고객에 관한 학습과 검증이 합쳐진 것이라 할 수 있다.

와이어 프레임

와이어 프레임은 화면 단위의 레이아웃을 설계하는 작업이다. 의사 소통 관계자들과 레이아웃을 협의하거나 서비스의 간략한 흐름을 공유하기 위해 사용하고, UI나 UX 설계에 집중돼 있다. 간단히 뼈대를 만드는 작업이 와이어 프레임이다. 종이에 간단하게 그려도 되고, 와이어 프레임 도구를 사용해 만들어도 된다.

와이어 프레임을 이용해 무엇을 어떻게 만들지에 관한 요소와 정보를 시각적으로 나타낼 수 있고, 프로토타입으로 가기 전에 어떻게 동작할지를 테스트해 볼 수도 있다. 또한 시각화했기 때문에 고객들이 어떻게 반응할지, 어떻게 생각하고, 무엇을 느낄지를 팀원들과 이야기를 하면서 피드

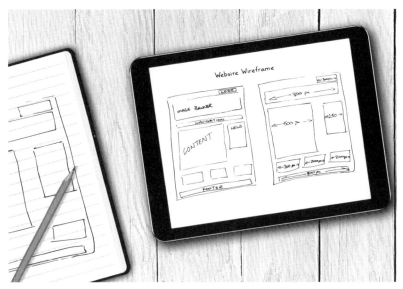

와이어 프레임

백도 얻을 수 있다. 또한 간단하게 만들었기 때문에 고객에게 보여 주고 피드백을 받을 수도 있다.

와이어 프레임은 건축으로 따지면 청사진과 같다. 디자인이나 프로그래밍을 어떻게 하면 좋은지에 관한 것들을 함께 보고 수정, 보완해 나갈 수 있다. 이미지나 아이콘도 세밀한 작업이 아닌 ×표나 간단한 이미지로 표현하기 때문에 UI나 UX에만 집중해 의사결정을 할 수 있다.

와이어 프레임을 만드는 도구로는 Balsamiq(https://balsamiq.com)과 Oven(https://ovenapp.io)을 들수 있다. 간단한 기능은 무료로 사용할 수 있고, 모바일 앱이나 웹사이트에 적합한 여러 아이콘이 있어서 크기까지 고려한 와이어 프레임도 만들 수 있다.

프로토타입

프로토타입은 와이어 프레임과 비슷해 보이지만, 상호 작용에 관한 경험을 추가해 기능이 작동하는 점에 차이가 있다. 한메일은 서비스를 개발할 때 종이로 상호 작용하는 모습을 영상을 찍어 초기 프로토타입을 선보인 적이 있다. 종이로 만든 여러 구성 요소를 손으로 직접 클릭하고 종이를 덧대면서 서비스가 어떻게 작동하는지, 파일은 어떤 식으로 첨부되는지를 촬영한 것이다.

　프로토타입은 크게 저수준 프로토타입(Lo-Fidelity Prototype), 고수준 프로토타입(Hi-Fidelity Prototype)으로 나눌 수 있다. 한메일의 종이로 인터렉션을 보여 주는 영상이 정적 프로토타입이라 할 수 있다. 저수준 프로토타입은 정적 프로토타입에 디자인을 약간 입힌 정도이고, UI/UX의 초기 수

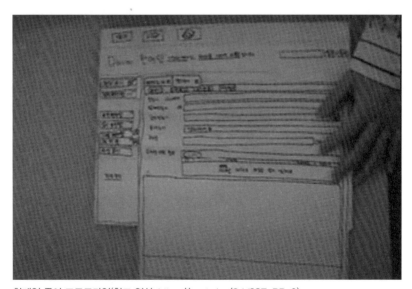

한메일 종이 프로토타입(참고 영상: https://youtu.be/GrV2SZuRPv0)

준이 표현돼 있어서 최종 제품을 이해하는 데 도움을 준다. 인터렉션은 클릭을 통한 페이지 이동 정도로 제한된다. 고수준 프로토타입은 디자인이나 인터렉션, UX가 모두 포함된 형태다. 이는 실제 최종 제품을 미리 경험할 수 있는 수준으로, 구글 애널리틱스와 같은 통계 도구를 이용해 실제 사용자의 패턴을 분석해 볼 수 있는 수준을 의미한다.

저수준 프로토타입을 간단하게 경험해 볼 수 있는 도구로는 'Marvel App'을 들 수 있다. Marvel App은 종이를 촬영한 후 간단한 클릭을 통해 이동까지 제공해 주는 도구다. A4 용지를 세로로 반을 접고, 가로로 두 번을 더 접으면 총 8면이 나온다. 각 영역에 원하는 서비스의 그림을 그린 후 Marvel App으로 사진을 촬영하고 클릭할 영역과 넘어갈 이미지를 선택하면 실제로 작동하는 앱처럼 보이게 된다.

고수준 프로토타입을 만드는 도구로는 Adobe의 'Xd 프로그램'이 있다. 디자이너가 있다면 각 요소들을 디자인한 후 인터렉티브를 적용해 실제 앱처럼 만들어 볼 수 있다. 간단하게 테스트해 보려면 템플릿을 사용하면

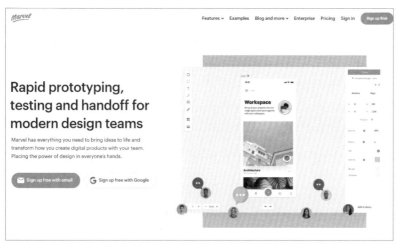

저수준 프로토타입을 만들 수 있는 Marvel App
(출처: https://marvelapp.com)

개발자를 위한 스타트업

고수준 프로토타입을 만들 수 있는 Adobe Xd
(출처: https://www.adobe.com/kr/products/xd.html)

된다. 구글에서 'adobe xd template'을 검색해 찾아도 된다. 필자는 정액권 구매가 필요한 Envato Elements(https://elements.envato.com)를 이용하고 있다.

구글에서 스마트글라스의 프로토타입을 만드는 데는 하루가 걸렸다고 한다. 간단하게 옷걸이와 피코 프로젝터, 찰흙 같은 것으로 프로토타입을 만들었다. 이에 관한 자세한 영상을 보고 싶다면 유튜브(https://youtu.be/d5_h1VuwD6g)를 참조하기 바란다.

프로토타입은 최종 제품이 아니기 때문에 빠르게 만들어 보는 것이 중요하다. MVP로 연결되게 하기 위해 고객의 니즈에 따른 최소 핵심 기능에 집중하면 리스크를 최소화하면서 PMF를 만들 수 있다.

MVP의 종류

MVP를 만들 때는 가장 위험한 가설을 먼저 테스트해야 한다. 앞서 이야기한 것처럼 가설은 증거가 없으면서 중요한, 즉 가장 위험한 것부터 검증해야 한다. 이런 가설을 검증하기 위해 MVP를 만들고 고객의 의견과 반응에 따라 보완하고 개선해 나가게 된다. MVP가 알고 싶은 것은 '과연 시장이 존재하는가?'다. 모두 만들어 놓았는데 황당하게도 아무도 원하지 않는 제품이라는 상황을 피하고, PMF가 이뤄져 론칭하자마자 빠르게 성장하고, 급격한 매출 증가를 이루고 싶은 것이다.

MVP의 종류는 다양하다. 시장이 존재하는지를 검증하기 위한 모든 형태가 MVP가 될 수 있다. 가장 쉽게 접근할 수 있는 것은 '크라우드 펀딩'이다. 국내에는 와디즈(https://www.wadiz.kr), 텀블벅(https://tumblbug.com), 미국에는 킥스타터(https://www.kickstarter.com), 인디고고(https://www.indiegogo.com)와 같은 서비스가 있다. 또한 일본에는 마쿠아케(https://www.makuake.com/), 캠프파이어(https://camp-fire.jp)와 같은 서비스가 있다.

크라우드 펀딩은 제품이 발매되기 전에 제품 · 서비스를 이해할 수 있는 콘셉트, 배경, 용도를 소개하고, 사전에 구매하는 방식으로 사용자들의 반응을 점검할 수 있다. 제품 · 서비스의 분야에 따라, 크라우드 펀딩 사이트에 따라 약간씩 다르지만, 기본적으로 제품 · 서비스가 만들어지기 전에 이런 서비스를 만들 예정이라는 스토리를 만들어 올리고, 펀딩을 유도한다. 펀딩을 한 사람들에게는 리워드로 제품 · 서비스가 출시됐을 때 좀 더 저렴하게 구매할 수 있도록 해 준다.

크라우드 펀딩의 좋은 점은 펀딩이 성공해야만 제품 · 서비스 발송을 한다는 것이다. 시작할 때 정한 펀딩 목표 금액을 달성하면 제품 · 서비스를 발송하고, 달성하지 못하면 펀딩한 금액은 펀딩한 사람에게 환불된다. 또한 펀딩 성공 후에도 바로 보내는 것이 아니라 수개월 내에만 보내면 된다. 예를 들어 100개 정도를 만들 수 있는데, 그 비용이 2,000만 원이라면 목표 금액을 2,000만 원으로 정하고, 펀딩 모금을 했을 때 1,900만 원만 모이면 펀딩 실패이기 때문에 만들지 않아도 된다. 반면 2,000만 원이 넘으면 그 돈으로 만들면 된다. 다만 크라우드 펀딩 사이트에서는 제품·서비스가 발송 완료된 후에 입금해 주기 때문에 그 사이에 자금을 유통할 수 있는 금액 내에서 진행해야 한다.

명함 관리 서비스로 네이버에 인수된 '리멤버'의 경우는 겉으로는 자동으로 되는 것처럼 보이지만, 뒤에서는 사람이 직접 수동을 입력하는 방식의 MVP를 활용했다. 리멤버는 드라마앤컴퍼니(https://www.dramancompany.com)에서 만들었다. 드라마앤컴퍼니는 최재호 대표가 운영하고 있지만, 창업은 자비스앤빌런즈의 김범섭 대표가 했다. 원래는 '프로필미'라는 온라인 명함을 론칭했다. 온라인으로 명함을 주고받는 일이 많아질 것이라 생각해 자신의 명함을 모바일로 만들어 주고받을 수 있게 만들었지만, 사람들은 여전히 종이 명함을 주고받았고, 이 관성은 쉽게 변하지 않았다.

이후 빠르게 피봇(Pivot)을 해 '리멤버'를 만들게 된다. 명함을 주고받는 일 중 가장 불편한 것이 명함 관리였는데, 당시에는 문자 인식 기술(OCR)로 명함의 글씨를 인식해 앱에 자동으로 입력해 주는 유료 앱들이 많았다. 하지만 기술이 완벽하지 못했기 때문에 유료 앱이라도 오류가 생기기 마련이었고, 오타가 나오면 어쩔 수 없이 다시 직접 수정해야 했기 때문에 여전히 불편함이 있었다.

리멤버는 이 문제를 사람으로 해결했다. 명함 사진을 찍어 업로드하면 리멤버의 직원이 직접 타이핑해 입력하는 방식이었다. 명함을 관리하는 사람은 명함이 바로 입력될 필요가 없고, 시간이 좀 지나더라도 완벽하게 입력돼 다시 수정을 할 필요가 없는 편이 더 나았기 때문에 리멤버는 빠르게 성장하기 시작했다. 이후 리멤버는 성장하면서 점차 AI를 통한 인식 기술을 발전시켜 나가며 실제 사람이 입력하는 비율을 줄여 나갔다.

이런 MVP 방식은 닉 스윈먼(Nick Swinmurn)이 창업한 '자포스(Zappos)'에도 사용됐다. 닉 스윈먼은 많은 종류의 신발을 쌓아 놓고 판매하는 온라인 유통점을 만들고 싶었지만, 사람들이 실제로 이용할지를 테스트할 필요가 있었다. 스윈먼은 온라인 상점에 관한 수요를 측정하기 위해 주변에 있는 신발 가게에 가서 주인에게 자신이 온라인에 올려 팔아 주겠다고 이야기한 후 신발 사진을 찍어 올리기 시작했다. 그리고 온라인에서 소비자가 그 신발을 주문하면 그 가게에 가서 신발을 사서 배송하는 방식으로 자포스를 성장시켰다. 설비와 신발 재고에 투자하는 대신 재고 부담도 없고, 설비 투자도 없이 MVP를 이용해 가설을 테스트했고, 고객들이 실제로 이용할지에 관한 가설에 관한 답도 찾을 수 있었다.

또 다른 MVP의 형태는 제품·서비스의 가장 중요한 단일 기능에 집중해 제품·서비스의 MVP를 개발하는 방식이다. 인스타그램이 바로 이런 MVP를 활용했다. 인스타그램은 2010년 케빈 시스트롬(Kevin Systrom)과 마이크 크리거(Mike Krieger)가 창업했다. 처음에 이 두 사람이 만든 서비스는 인스타그램이 아닌 '버번(Burbn)'이었다. 버번과 위스키를 마시기 좋아해서 '버번'이라는 이름을 지었고, 술집이나 레스토랑에서 사진을 찍고, 체크인 기능과 함께 사진을 공유하는 애플을 만들었다. 초기에는 GPS를 통한 LBS 기능이나 체크인 기능이 너무 복잡했기 때문에 결국 실패했다. 캐빈 시스트롬은 여자 친구인 니콜 슈 에츠(Nichle Schuetz)와 함께 멕시코 여행을 가서 사진을 찍어 줬는데, 여자 친구가 사진이 예뻐 보이지 않는다며 올리기 싫다고 했고, 친구인 그레그는 사진을 잘 찍는데 넌 왜 그러냐고 핀잔을 했다. 캐빈 시스트롬은 친구인 그레그는 필터를 사용한다고 말하고는

개발자를 위한 스타트업

숙소로 돌아와 인터넷을 검색해 한나절만에 필터를 만들었다. 그리고 버번의 모든 기능을 빼고 사진을 찍는 기능, 사진을 전시하는 기능, 필터를 입히는 기능만 넣은 인스타그램을 만들게 된다.

스터디파이가 블로그를 MVP로 활용했던 것처럼 소셜 커머스의 시초인 그루폰(GROUPON) 또한 블로그를 MVP로 활용했다. 그루폰은 이미 시장에 있는 서비스를 활용해 비즈니스 아이디어를 구현했는데, 블로그에 2주간 Fitness Boot Camp를 반값에 제공한다는 글을 업로드한 후 댓글을 이용해 주문을 받았다. 이에 관한 고객의 반응을 확인한 후 서비스를 본격적으로 만들어 나가기 시작했다.

간단한 영상을 만드는 것에도 MVP를 많이 활용한다. 토스의 경우 전화번호 입력만으로 송금할 수 있는 작동 방식을 영상으로 보여 주고, 전화번호를 수집하는 방식으로 MVP를 테스트했다. 드롭박스의 경우도 제품이 만들어지기 전에 영상을 이용해 실제 드롭박스가 어떻게 작동하는지를 보여 줬다.

드롭박스 창업자인 드로우 휴스턴(Drew Houston)은 3분짜리 시연 영상을 직접 내레이션한 후(참조 영상: https://youtu.be/7QmCUDHpNzE) 그 영상을 기술 관련 얼리어답터가 모여 있는 전문 커뮤니티인 '디그(Digg)'에 올렸다. 영상이 공개된 후 하루만에 5,000명의 회원이 7만 5,000명으로 늘어났다. 이후 확신을 갖고 서비스를 만들기 시작했으며, 론칭 7개월 만에 100만 명의 사용자를 확보할 수 있었다.

이처럼 MVP의 방법은 다양하다. 제품 · 서비스를 완벽하게 만드는 것이 목적이 아니라 고객이 가장 큰 문제라고 생각하는 것을 해결한 최소 기능만 구현한 제품 · 서비스를 선보이는 것이다. 이를 이용해 얻어야 할 것은 시장이 존재하는지 여부다. 고객의 피드백을 이용해 좀 더 중요한 부분이 무엇인지 확인하고, 개선해 나가는 것이 MVP를 만드는 목적이기도 하다. 고객의 피드백 없이 기능적인 부분에만 집중해 만들어 나가면 그냥 프로토타입이 될 가능성이 높다. 지금까지 고객 인터뷰를 하고, 비즈니스 모델을 만들고, MVP를 만든 이유는 시장이 존재하는지에 관한 가설을 입증하기 위해서라는 것을 잊지 말자.

Q 자기 소개 부탁드립니다.

A 친환경 커머스를 준비하고 있는 예비 창업자 구인이라고 합니다.

Q 창업을 시작하게 된 계기가 무엇인가요?

A 처음에는 기존 친환경 제품을 보고 너무 친환경에만 매몰돼 있어서 사람들이 소비하기에 쉽지 않다고 생각했고, 예쁘고 사람들이 재미있어할 만한 친환경 제품이 없을지를 생각했습니다. 이런 생각을 바탕으로 사회적 기업가 육성 사업을 이용해 1년 동안 업사이클링 제품을 개발하고 판매하는 크라우드 펀딩까지 진행했는데, 이 과정에서 많은 정보를 얻었습니다. 실제로 시장에 부딪혀 보니 단순히 업사이클링 제품 하나만으로는 힘들겠다고 생각했고, 실제로도 국내에서 친환경 제품을 파는 커머스가 부족한 것도 사실이었기 때문에 이런 시장을 바꿔 보고 싶었습니다.

Q 창업 후 가장 어려웠던 점은 무엇인가요?

A 작년에 사회적 기업가 육성 사업을 진행하면서 법인 설립을 하지 못했는데, 이 과정에서 확신이 줄어드는 것을 느꼈습니다. 처음에는 호기롭게 시작했는데 준비가 부족했던 탓에 많이 힘들었던 것 같습니다.

Q 고객분들과 많이 만나보셨나요?

A 페르소나도 설정하고 고객도 최대한 만나보려고 노력하고 있습니다. 제가 미처 생각하지 못했던 부분을 지적해 준 것이 많은 도움이 됐고, 본인 경험을 상세히 설명해 주셔서 창업 계획을 잘 세울 수 있었습니다.

Q 창업을 고려하시는 분들에게 하고 싶은 이야기는 무엇인가요?

A 생각보다 많이 힘들고, 많이 준비해야 하지만 일단 시작하면 어떻게 되는 것 같긴 합니다. 부딪히면 해결되는 것 같아요.

Q 멘토링 진행한 소감을 어떠셨나요?

A 피칭 때 하나하나 세심하게 짚어 주는 것이 좋았고, 팀 내부에서 보는 시각과 외부에서 보는 시각이 다르다는 것을 절실히 느끼게 된 계기가 됐습니다.

PART

10

스타트업을 위한
마케팅 전략

마케팅 대행사를 10년 넘게 운영하다 보니 정말 많은 기업을 만나게 됐다. 한 달에 100개가 넘는 기업을 만나고, 만나서 이야기하는 것은 대부분 마케팅에 관한 내용이다. 그중에서도 가장 큰 것은 클라이언트의 고민이다. 예비 창업자나 초기 창업자와 달리 마케팅 대행을 맡기기 위해 연락을 하는 클라이언트는 대부분 제품·서비스가 나온 지 꽤 오래된 상태였다. 보통 마케팅 대행사에 연락을 하는 경우는 이미 마케팅 전략을 갖고 있고, 내부 인력으로 하는 것보다 외부 리소스를 활용하는 것이 낫다고 판단해 연락을 하는 경우, 제품·서비스를 론칭하고 직접 마케팅을 해 봤는데 도저히 안 돼서 연락을 하는 경우로 나눌 수 있다.

전자의 경우는 매우 수월하다. 시키는 일만 하면 되기 때문이다. 대행사는 일을 대신 해 주는 곳이기 때문에 전자의 경우가 마케팅 대행사를 활용하는 올바른 예다. 하지만 후자의 경우가 더 많다는 것이 문제다. 직접 해 보다가 도저히 안 되서 연락을 하는 것이다. 이때는 이미 늦다. 아예 안 되는 건 아니지만, 비용이 많이 들고, 효율도 떨어진다.

보통 창업자가 마케팅을 고민하는 시기는 제품·서비스를 론칭한 후다. 제품·서비스를 만들기에도 벅차기 때문이다. 만약 정부 지원 사업에라도 선정되면 서류 작업하느라 정신이 없기도 하고, 지원 예산을 빨리 사용해야 하기 때문에 대행사에게 무조건 맡기는 경향이 있다. 하지만 마케팅은 론칭 시점에 시작하는 것이 아니라 그 전에 이미 시작돼야 하고, 론칭 시점에는 이미 잠재 고객을 보유하고 있어야 한다. 론칭을 기다린 사람들이 있어야 사용할 사람이 생기고, 퍼져 나가기도 하기 때문이다.

'좋은 제품·서비스를 만들어 놓기만 하면 사람들이 알아서 퍼트려 주겠지.'라는 생각은 금물이다. 공급보다 수요가 더 많았던 시대에는 가능했지만, 수요보다 공급이 훨씬 더 많아 하루에도 수많은 제품·서비스가 나오는 최근에는 제품·서비스를 더욱 적극적으로 알려야 한다. 제품·서비스가 저절로 소문이 난다면 광고를 왜 하겠는가? 좋은 제품·서비스를 만드는 것은 기본 중 기본이다.

MVP를 만든 시점에는 마케팅이 시작돼야 한다. 적어도 마케팅 전략을 세워 둬야 한다. 필자는 마케팅 컨설팅 진행 시 론칭 3~6개월 전에는 마케팅을 시작해야 한다고 강조한다. 또한 마케팅 대행사는 마케팅 전략을 세워 주는 곳이 아니라 마케팅 목표에 맞게 실행하는 곳이다. 간혹 마케팅 대행사에게 매출까지 기대하는 경우가 있다. 수익 셰어로 진행하지 않는 이상 대행사에게 매출을 기대해서는 안 된다. 그렇다면 매출 자료를 대행사에게 알려 줘야 하는데, 대부분은 그렇지 않다. 그냥 블로그면 블로그, 페이스북이면 페이스북에 관한 운영만 하는 것이다. 이것이 어떻게 유기적으로 연결돼 매출까지 이끌어 낼 것인지는 다른 문제다. 즉, 내부에서 마케팅 전략을 세울 수 있어야 하고, 그런 인력이 없다면 대표가 직접 마케팅 전략을 세워야 한다.

스타트업이 겪는 마케팅 문제

스타트업을 만나 마케팅에 관한 고민을 들어보면 대부분 비슷한 고민을 하고 있다는 것을 알게 된다. 가장 많이 하는 고민은 '마케팅을 하고 있는데 고객의 반응이 없다.'는 것이다. 열심히 고객의 귀에 대고 소리를 지르지만 고객은 전혀 들리지 않는다는 표정을 짓고 있는 것이다. 고객의 입장이 돼 보면 우리 또한 그런 모습을 하고 있다는 것을 알 수 있다. 블로그, 페이스북, 인스타그램에서 갑자기 광고가 나오면 기분이 나쁘다. 그리고 얼른 광고를 스킵하거나 광고가 너무 많은 것에 불만을 표시하며 해당 서비스를 탈퇴하기까지 한다.

블로그, 페이스북, 인스타그램, 유튜브 등과 같은 서비스들은 모두 고객의 편이다. 핵심 고객이 일반 사용자인 것이다. 일반 사용자가 많아야 광고를 이용해 수익을 낼 수 있기 때문이다. 반면 광고주는 실제로 수익을 만들어 주는 주체이지만, 여러 가지 제한을 받는다. 가장 주요한 제한은 일반 사용자가 싫어하는 광고를 하면 안 된다는 것이다. 광고인데도 광고 같지 않은 광고를 만들어야 하는 것이 요즘 마케팅의 현실이다.

그나마 이런 경우는 낫다고 할 수 있다. 고객에게 메시지를 전할 리소스가 부족한 경우가 많기 때문이다. 가장 중요한 리소스 중 하나는 바로 '예산'이다. 마케팅 예산이 너무 적어서 뭔가 시도해 보지도 못한다. 스타트업은 예산이 부족하기 마련이다.

매출도 나오지 않는 상황에서 마케팅 예산을 만들 수 있는 곳은 자본금에서 끌어다 쓰거나 정부 지원 사업을 이용해 받은 마케팅 예산뿐이다. 정부 지원 사업에서 많이 받아도 마케팅 예산으로 사용할 수 있는 금액은 그리 크지 않다. 사업 기간 내에 많아야 500만 원 정도인데, 참고로 필자가 운영하는 마케팅 대행사의 채널 운영 대행비는 월 400만 원이다. 턱없이 부족한 금액이다. 정부 지원 사업의 특성상 직접 사용할 수 없고 대행사를 이용해 예산을 집행해야 하기 때문에 마케팅 예산이 큰 문제로 다가온다.

다른 리소스는 '인력'이다. 보통 기술 스타트업은 팀 빌딩 시 개발자나 디자이너, 기획자를 기반으로 인력을 구성한다. 이때 마케터가 Co-founder로 진행되는 경우는 거의 없다. 우선 제품·서비스를 만드는 데 집중해야 하기 때문에 이에 맞는 인력만으로 구성한다. 마케터는 대부분 제품이 론칭된 후에나 생각하게 된다. 따라서 팀에서 마케팅에 관한 지식도 전무하다. 마케팅 인력도 없고, 지식도 없고, 예산도 없으니 총체적인 난국인 것이다.

마케팅 채널별로 어떻게 운영해야 하는지에 대해서는 잘 답해 줄 수 있지만, 전체적인 마케팅 전략과 턱없이 부족한 리소스로 마케팅을 할 수 있는 방법은 답해 줄 수 없었다. 과연 그런 방법이 있는지에 관한 의구심도 들었다. 그럼 스타트업은 마케팅을 할 수 없는 것일까?

훌륭한 스토리

스타트업은 어떻게 마케팅을 해야 할까? 이에 관한 힌트는 책에서 얻었다. 세스고딘(Seth Godin)의 『마케터는 새빨간 거짓말쟁이』(안진환 역, 재인, 2007)에서는 "기업의 성공과 실패를 결정 짓는 요소는 훌륭한 스토리이고, 훌륭한 스토리를 만드는 것이 가장 시급한 문제"라고 이야기한다. 마케팅에서 중요한 것은 '돈'이 아니라 '훌륭한 스토리'라는 것이다.

훌륭한 스토리는 무엇일까? 3가지 보기 중에 골라보기 바란다.

1. 창업자에 관한 훌륭한 스토리
2. 창업자의 입장에서 본 제품·서비스에 관한 훌륭한 스토리
3. 고객의 입장에서 본 제품·서비스에 관한 훌륭한 스토리

지금까지 잘 읽어왔다면 답을 쉽게 찾을 수 있을 것이다. 정답은 3번이다. 훌륭한 스토리를 창업자에 관한 훌륭한 스토리라고 오해하는 경우가 있다. 창업자가 어떤 학교를 나와 어떤 역경을 이겨낸 후 얼마나 많은 노력을 기울여 이 제품·서비스를 만들었는지를 구구절절 자랑하는 창업자들이 있다. 하지만 이러한 사실은 아무도 궁금해하지 않는다. 이런 스토리는 창업자 본인 외에는 아무도 관심을 갖지 않는다.

두 번째는 창업자의 입장에서 본 제품·서비스에 관한 훌륭한 스토리다. 제품·서비스를 만들 때 가장 많은 시간과 노력을 들인 부분을 강조하고 싶기 때문이다. 스마트폰을 만드는 회사를 운영한다고 하면 가장 많은 시간과 예산과 노력이 들어가는 부분은 CPU나 OS 최적화일 것이다.

하지만 스마트폰을 구매하는 고객이 CPU가 무엇인지 알고 구매하는

경우는 드물다. 최신 스마트폰에 최신 CPU가 있는 것은 당연한 것이고, OS가 버벅거리면 그게 오히려 이상한 것이기 때문이다. 프로그램을 개발할 때 어떤 언어를 사용해 얼마나 어려운 문제를 풀며 구현했는지는 아무도 궁금해하지 않는다. 터치 후 몇 초 안에 앱이 실행되는지도 별로 궁금하지 않다. 오히려 다른 앱에 비해 조금이라도 늦게 실행되면 그게 이상한 것이다. 하지만 많은 창업가가 이런 부분을 강조하고 싶어한다. 특히 기술 창업을 하는 스타트업의 경우, 자신의 기술을 알리고 싶기 때문에 이런 오류에 빠지게 된다. 이런 기술적인 부분은 사업계획서나 피칭 때 강조하거나 홈페이지에 작성하면 된다.

마케팅에 있어서는 앞의 2가지보다 고객의 입장에서 본 제품·서비스에 관한 훌륭한 스토리가 필요하다. 스마트폰을 구매할 때 어떤 것을 보고 구매하는가? 디자인, 그립감, 브랜드, 가격 등 여러 요소를 고려할 것이다. 이런 부분이 훌륭한 스토리가 될 수 있다. 이 앱을 사용하면 나에게 주어지는 가치가 무엇인지에 집중하는 것이 오히려 중요해진다.

그렇다면 훌륭한 스토리는 어떻게 만들 수 있을까? 훌륭한 스토리를 만들기 위해서는 명확한 타깃 설정과 이해, 타깃에 따른 전략과 목표, 타깃의 공감과 공유가 필요하다. 하나씩 살펴보자.

명확한 타깃 설정과 이해

다음 그림에서는 드릴로 벽을 뚫고 있는 모습을 볼 수 있다. 드릴로 벽을 뚫을 때 작은 점을 찍어 놓고 뚫는 것이 힘이 덜 들까, 아니면 큰 원을 그린 후에 뚫는 것이 힘이 덜 들까? 당연히 작은 점을 찍은 후에 뚫는 것이 힘이 덜 들 것이다. 여기서 벽은 '시장'을 의미한다. 좋은 시장일수록 크고, 경쟁자도 많을 것이다. 간혹 내 아이디어는 세상에서 유일무이하다고 하는 창업자들을 만나게 되는데, 이는 시장이 없다는 말이나 다름없다. 그리고 실제로 그 아이디어는 전 세계의 수많은 사람이 이미 사업화시켜 진행하고 있을 가능성이 높다.

좋은 시장에는 경쟁자가 존재하기 마련이다. 후발 주자는 그 경쟁자와 경쟁해 더 많은 시장 점유율을 가지려고 해야 한다.

타깃이 명확해야 훌륭한 스토리를 만들 수 있다.

개발자를 위한 스타트업

여기서 벽의 구멍은 '시장 점유율'이다. 누구나 큰 시장에서 큰 시장 점유율을 갖고 싶어 하지만, 우리가 갖고 있는 드릴은 파워가 너무 약하다. 갖고 있는 리소스가 너무 미약하다 보니 뚫을 수 있는 구멍은 매우 작을 수밖에 없다. 과연 뚫릴지도 의문이다.

그렇다면 점을 잘 찍어야 한다. 가장 약한 부분에 점을 찍어야 한다. 이 벽에서 가장 약한 부분은 어디일까? 벽이 '시장'이라면 시장을 구성하고 있는 요소는 '고객'이다. 어떤 고객이 가장 약할까? 계속 강조해 왔던 어떤 문제 때문에 큰 불편을 느끼고 있는 사람이 바로 가장 약한 부분이다.

이런 약한 부분은 어떻게 알아낼 수 있을까? 못을 벽에 박을 때는 약한 부분을 찾아내기 위해 벽을 두드려 본다. 두드려봐서 통통 소리가 나는 곳이 바로 가장 약한 부분이다. 뒤가 콘크리트라면 툭툭 소리가 나고 내 손가락만 아플 것이다. 결국 두드려봐야 어디가 약한 부분인지 알 수 있다. 이는 고객에게 직접 물어보는 것을 의미한다. 우리는 이미 고객 인터뷰를 이용해 고객에게 어떤 문제가 있는지를 발견했다. 우리가 지정한 고객군이 바로 우리가 마케팅에서 처음 공략해야 할 핵심 고객이다.

따라서 초기 스타트업에게 마케팅 타깃 고객은 구체적이고 좁을수록 효과가 좋다. 또한 구체적이고 좁게 타깃을 정해야 마케팅 채널을 효과적으로 활용할 수 있다. 타깃이 20~40대 여성이라고 하면, 20세 여성부터 49세 여성까지가 타깃이 된다. 20세의 여성과 49세 여성이 관심 있는 분야는 전혀 다르다. 따라서 타깃이 너무 넓으면 콘텐츠의 방향성을 맞추기 어렵고, 공감대를 얻기 어렵다. 초기에는 타깃을 좁게 잡고 시작하는 것이 채널 설정 및 콘텐츠 소재 발굴에 도움이 된다.

타깃에 따른 전략과 목표

타깃 고객이 정해졌다면 그다음은 타깃에 따른 전략과 목표가 필요하다. 전략은 다름 아닌 고객을 어떻게 원하는 목표까지 끌어낼 수 있을 것인지에 관한 것이다. 따라서 고객이 어떻게 움직이는지, 어떤 경로를 이용해 우리 제품·서비스까지 오게 되는지를 알아야 한다. 이를 이용해 고객이 오는 경로에 그물을 쳐 두는 것이 바로 전략인 것이다.

이렇게 고객이 우리 제품·서비스까지 오는 경로를 그린 것을 '고객 여정 지도(Customer Journey Map)'라고 한다. 고객 여정 지도를 그리는 방법은 다양하다. 고객이 어떻게 우리 서비스에 접근하는지를 그리고, 단계마다 고객이 어떤 생각을 갖고 있고, 어떤 문제를 겪고 있을지를 생각해 보는 것이다. 이 과정을 복잡하게 그릴 수도 있고, 단순하게 그릴 수도 있지만, 우선은 머릿속에 그런 경로가 있다는 것에 관한 프레임을 갖고 있는 것만으로도 마케팅 전략을 쉽게 세울 수 있다.

고객 여정을 바탕으로 어떻게 공략할 것인지를 작성하는 것을 '퍼널(Funnel)'이라고 한다. 퍼널은 우리말로 '깔때기'를 뜻한다. 병에 내용물을 효율적으로 넣을 수 있도록 하는 것이 '깔때기'이듯이 고객이 비즈니스 모델 안으로 쉽게 들어갈 수 있도록 하는 것을 '퍼널'이라고 한다.

이런 고객 여정 지도와 퍼널에는 AIDA, AIDMA, AISAS, AARRR 등이 있다. 시대에 따라, 상황에 따라 다양한 모델이 개발되고 있다. 자신의 비즈니스 모델에 맞는 퍼널을 사용하면 된다. 필자는 필립 코틀러가 마켓 4.0(더퀘스트, 2017)에서 주장한 '5A'를 주로 사용한다. 인지(Aware), 흥미(Appeal), 질문(Ask), 행동(Act), 옹호(Advocate)로 이뤄진 '5A'는 타깃 고객이 제품·서비스까지 오는 여정을 나타내고 있다. 인지는 '안다.'라는 느낌을

개발자를 위한 스타트업

주는 단계, 흥미는 '좋다.', '괜찮다.'라는 느낌을 주는 단계다. 인지와 흥미를 거치면 궁금증이 생기기 시작하고, 질문을 던지게 된다. 질문에 관한 확신을 얻게 되면 행동으로 이어지고, 행동인 구매나 다운로드해 제품·서비스를 경험해 본 후 마음에 들면 주변에 추천하는 옹호 단계로 넘어간다. 그리고 추천을 받은 사람은 다시 인지부터 시작한다.

이 단계에 따라 채널을 설정한 후 주요 메시지를 설정하고, KPI와 측정 방법 등을 설정하면 마케팅 전략을 세울 수 있다. 퍼널은 각 단계마다 다른 메시지와 목표가 있다. 채널은 같더라도 사용하려는 의도가 다르기 때문에 메시지와 목표가 다른 것이다.

예를 들어 인지 단계에서는 도달이 더 중요하기 때문에 광고를 진행한다면 1,000번의 노출당 한 번씩 과금이 되는 CPM(Cost Per Mil) 광고를 주로 사용한다. 여기에서의 목표는 노출의 빈도, 메시지는 주로 브랜드에 관한 것이다. 반면, 질문 단계에서는 고객들이 궁금한 것을 물어보는 곳이 채널이 되기 때문에 보통 검색엔진이 된다. 고객이 궁금해하는 단어가 검색엔진에서의 키워드가 된다. 여기서의 메시지는 전반적인 제품·서비스에 관한 리뷰, 명확한 CTA(Call To Action)이다. 이때 목표는 행동 단계로 넘어간다.

5A를 사용하든, 다른 퍼널 모델을 사용하든 중요한 것은 각 단계마다 채널과 메시지와 목표가 다르다는 점, 채널이 같아도 그 쓰임새가 다르다는 점이다. 인지 단계에서 페이스북 CPM 광고를 진행했고, 타깃 고객에게 3번 노출되는 것이 목표라고 한다면 페이스북 CPM 광고를 진행한 후 왜 매출이 일어나지 않는지 의문을 가질 필요가 없게 된다. 인지 단계에서 목표는 타깃 고객에게 3번 노출되는 것이기 때문에 그것이 매출로 이어지면 좋은 것이고, 이어지지 않더라도 이상해할 필요가 없는 것이다.

보통 마케팅 전략이 없으면 머릿속에 딱 2가지만 생각하게 된다. 바로

'광고-구매'의 모델이다. 광고 행위가 모두 구매로 이어질 것이라는 생각은 고객이 귀를 닫게 만든다. 고객의 귀에 확성기를 갖다 대고 고래고래 소리를 질러도 고객이 전혀 들리지 않는다는 표정을 짓는 것은 주로 광고-구매의 생각에서 광고를 진행했을 때 일어난다. 고객과의 인게이지도 없이 바로 "이거 사세요, 정말 좋아요.", "지금 바로 다운로드하세요."라고 하면 고객은 기분이 나쁠 수밖에 없다.

횡단보도에서 신호를 기다리는데 처음 보는 사람이 전단지를 주면서 "이거 사세요."라고 하면 반감이 생길 수밖에 없다. 그 전단지도 바로 휴지통으로 들어가게 될 것이다. 고객이 오는 여정을 구분하고 그에 따른 채널 설정과 목표, 메시지를 설정하는 것은 고객과의 거리를 좁히고 인게이지를 이용해 거부감이라는 허들을 낮추기 위해서다. 그렇기 때문에 최종적으로 우리가 원하는 구매나 다운로드, 문의를 이끌어내는 것이다.

이런 전략을 갖고 있다면 언제부터 실행해야 할까? 스타트업이 가장 먼저 실행해야 하는 마케팅 퍼널에서의 단계는 바로 '행동'이다. 즉, 최종 목적지인 랜딩 페이지부터 만들어야 한다. 그리고 그 전단계인 질문, 그리고 흥미, 그다음은 인지로 넓혀간다. 퍼널은 '깔때기'라고 했다. 깔때기의 모양은 아래로 갈수록 좁아지고, 제일 좁은 곳이 병과 맞닿는다. 깔때기를 만드는 데 가장 넓은 부분인 위부터 만들면 어떻게 될까? 쏟아부으면 병에 들어가지 않고 밑빠진 독에 물붓기처럼 흘러내릴 것이다. 따라서 깔때기의 아랫부분부터 만들어야 한다. 즉, 랜딩 페이지를 어떻게 구성하는지가 가장 중요하다. 랜딩 페이지는 구매 전환율이 높게 나오도록 계속 개선해 나가야 한다. 그리고 그 전단계인 질문도 함께 실행해야 한다. 유입되는 사람이 있어야 행동에서의 전환율을 알 수 있기 때문이다.

행동 단계에서는 랜딩 페이지에 고객이 어디서 들어오는지, 들어와서 무엇을 하는지, 어디서 이탈을 하는지를 추적할 수 있어야 하고, 그에 관한 분석이 이뤄지고, 전환율을 높이기 위한 실험을 해 볼 수 있어야 한다. 이를 위해 여러 도구를 설치하게 되는데, 이 중 무료 서비스인 구글 애널리틱스를 소개한다. 구글 애널리틱스를 설치하면 어디서 들어오는지, 들어와서 어떤 행동을 하는지, 어디서 이탈을 하는지에 관한 통계를 볼 수 있다. 이와 더불어 네이버 애널리틱스도 함께 설치해 보조 지표로 활용하면 도움이 될 것이다.

만약 페이스북이나 인스타그램 광고를 진행할 예정이라면 페이스북 픽셀도 설치해 둬야 한다. 페이스북 픽셀은 페이스북을 이용해 들어온 고객을 기억해 뒀다가 페이스북 광고를 할 때 활용할 수 있도록 해 준다. 페이스북에서 마우스 광고를 보고 클릭했는데 그다음에 키보드 광고가 보이는 것은 바로 페이스북 픽셀이 있기 때문이다.

구매 전환율을 높이기 위한 실험을 할 수 있는 도구에는 '구글 옵티마이즈'가 있다. '구글 옵티마이즈'를 사용하면 A/B 테스트를 해 볼 수 있다. 예를 들어 '구매 버튼이 파란색인데 빨간색으로 바꾸면 구매가 더 잘 일어날 것'이라는 가설을 세웠다면 A는 파란색 버튼, B는 빨간색 버튼으로 설정한 후 동일한 수의 사람이 들어왔을 때 어떻게 반응하는지를 살펴보면 될 것이다. 이를 가능하게 해 주는 것이 '구글 옵티마이즈'다. 랜딩 페이지에 구글 옵티마이즈를 설치하면 A와 B를 설정할 수 있고, 직관적인 인터페이스로 쉽고 간단하게 랜딩 페이지를 수정할 수 있다. 디자이너나 개발자의 도움 없이도 보이는 화면에서 파란색 버튼을 클릭한 후 빨간색 버튼을 클릭하면 빨간색 버튼으로 바뀐다. 텍스트나 이미지도 쉽게 넣을 수 있다.

그리고 A와 B의 유입률을 50:50으로 설정하면 동일 기간 내에 100명의 사람이 유입됐을 때 50명은 파란색 버튼을 보게 되고, 50명은 빨간색 버튼을 보게 된다. 그리고 구글 옵티마이즈에 구글 애널리틱스의 목표와 연결시켜 놓으면 A/B 테스트가 구매에 영향을 미치는지 여부를 알 수 있다.

만약 구매에 영향을 미친다면 디자이너와 개발자에게 부탁해 버튼을 빨간 색으로 바꿔 달라고 하면 된다.

만약 개발자가 아니라면 이런 코드를 랜딩 페이지에 설치하는 것이 어려울 수 있다. 이때는 구글에서 제공하는 구글 태그매니저를 사용해 쉽게 해결할 수 있다. 구글 태그매니저는 이런 코드를 쉽게 설치할 수 있게 도와주는 도구다. 개발자에게 구글 태그매니저를 설치해 달라고 부탁하면 이후부터 다른 도구들은 구글 태그매니저를 이용해 설치할 수 있다.

한 번 들어온 고객이 이탈하지 않고 다시 재구매를 하게 만드는 것도 중요하다. 이는 비즈니스 모델 캔버스에서 고객 관계 관리를 잘 설정한다면 해결된다. 퍼널로 들어온 고객은 광고를 이용해 들어온 것이기 때문에 이탈된 고객을 다시 광고 비용을 사용해 들어오게 하는 것은 효율적이지 않다. 비용을 써서 들어오게 만든 고객은 다시 빠져나가지 못하도록 고객 관계 관리를 이용해 재구매를 이끌어내야 하고, 더 나아가 충성 고객, 단골 고객으로 만들어야 한다.

질문 단계는 보통 검색엔진의 영역이다. 고객이 궁금한 것을 물어보는 곳은 검색엔진일 가능성이 높기 때문이다. 검색엔진의 기본 목표는 키워드로 검색했을 때 모든 영역에 나오는 것이다. 네이버를 예로 들면 VIEW, 뉴스, 동영상, 이미지, 파워 링크 등에 모두 나오는 것이 목표가 돼야 한다. 가장 기본적이면서 중요한 것은 키워드를 설정하기 전에 서비스명, 제품명, 회사명으로 검색했을 때 우리 것이 모두 나오는 것이다. 만약 예비 창업자이고, 제품명이나 서비스명을 아직 정하지 않았다면 사용하려는 제품명이나 서비스명을 검색엔진에서 꼭 검색해 보길 권한다. 검색을 했을 때 아무것도 나오지 않는 것이 마케팅 비용을 아끼는 네이밍이다. 예를 들어 스타트업 중 슬랙과 같은 기업용 커뮤니케이션 도구인 '잔디'는 실제로 잔디를 판매하는 사업자들이 온라인에서 경쟁업체가 된다.

　　　　　　　　　　　　　　　　개발자를 위한 스타트업

인지와 흥미 단계는 채널을 하나 정한 후 킬러 콘텐츠를 개발하고, 그다음 채널로 확장하는 전략을 권한다. 고객이 인지나 흥미 단계에서 사용하는 채널이 여러 개라면 그중 고객이 가장 많이 있는 채널 순으로 우선순위를 정한다. 그리고 가장 많이 있는 채널에 고객이 공감할 만한 콘텐츠를 업로드하면서 반응을 살핀다. 평소보다 월등히 높은 반응이 나온 콘텐츠를 '킬러 콘텐츠'라고 한다.

고객과 콘텐츠의 싱크(Sync)가 맞아 떨어지는 순간이 오면 킬러 콘텐츠가 만들어지고, 이후에는 킬러 콘텐츠와 비슷한 소재로 콘텐츠를 만들면 된다. 원하는 목표를 이루면 그다음으로 많이 있는 채널로 확장하고, 이때 콘텐츠는 이미 발견한 킬러 콘텐츠를 해당 채널에 맞는 형식으로 업로드한다. 이렇게 하는 이유는 채널마다 성격, 문법, 알고리즘이 다르기 때문이다. 예를 들어 페이스북이나 인스타그램은 같은 회사지만 서비스마다 알고리즘이 다르다. 심지어 알고리즘이 일괄적으로 적용되지도 않고, 나라별, 언어별로 모두 다르게 업데이트된다. 알고리즘이 바뀌었다는 공지도 하지 않는다. 또한 채널마다 선호하는 콘텐츠 유형 트렌드가 계속 바뀐다.

인스타그램을 예로 들어보자. 얼마 전까지만 해도 인스타그램 스토리가 중요했다면, 이제는 짧은 영상을 올리는 릴스가 중요하다. 따라서 이런 흐름을 따라가려면 채널에 상주하고 있어야 한다. 그런데 이런 채널을 여러 개 운영한다면 리소스가 부족할 수밖에 없다. 그렇기 때문에 고객이 가장 많이 있는 채널을 운영하고, 킬러 콘텐츠를 개발하면, 두 번째 채널에 있는 고객도 같은 고객이기 때문에 킬러 콘텐츠에 반응할 수밖에 없다. 콘텐츠에 관한 시행착오를 줄일 수 있고, 해당 채널의 알고리즘이나 콘텐츠 트렌드만 연구하면 된다. 그리고 킬러 콘텐츠를 해당 채널의 문법에 맞는 콘텐츠 유형으로 재구성해 올리면 채널을 적은 리소스로 확장할 수 있다.

타깃의 공감과 공유

타깃이 어떤 생각을 하고 있는지, 어떤 문화를 갖고 있는지, 어떤 세계관을 갖고 있는지, 고민은 무엇인지, 좋아하는 것은 무엇인지 등을 모두 알아야 공감을 할 수 있다. 제러미 리프킨은 "공감은 관찰자가 기꺼이 다른 사람의 경험의 일부가 돼 그들의 경험에 관한 느낌을 공유하는 것"이라고 말했다. 여기서 관찰자는 '우리', 다른 사람은 '고객'이다. 즉, 공감은 스타트업 대표가 기꺼이 고객의 경험의 일부가 돼 고객의 경험에 관한 느낌을 공유하는 것이다.

그는 "타깃을 얼마나 이해하는지의 정도가 아니라 아예 타깃 고객의 경험의 일부가 돼라."고 말한다. 고객을 분석하고 자주 만날수록 훌륭한 스토리를 만들 수 있고, 마케팅도 원활히 할 수 있다. 고객 인터뷰는 비즈니스 모델을 만드는 것뿐 아니라 마케팅에까지 영향을 미치게 된다. 타깃의 공감과 공유를 위해서는 타깃 고객이 주로 어떤 채널에 노출되고 있는지, 메시지를 어떤 채널을 이용해 전달할 것인지, 메시지를 전달했을 때 어떤 반응이 나올 것이라 예측하는지, 그 반응으로 기대하는 효과는 무엇인지를 살펴봐야 한다.

타깃이 공감할 만한 콘텐츠를 기획할 때, 메시지를 전달했을 때 어떤 반응이 나올 것인지 예측하면 콘텐츠를 좀 더 쉽게 기획할 수 있다. 예를 들어 고객들이 댓글이나 공유를 할 때 '신기하다.', '신박하다.'라는 코멘트를 남기고 싶다면 콘텐츠를 만들기 전에 '신기하다.', '신박하다.'라는 키워드를 적어 두고, 그에 맞는 소재를 찾아 기획하면 좀 더 빠르게 기획할 수 있다.

SNS를 활용하는 방법도 있다. 필자가 스타트업 대표를 만나면 꼭 페이스북 계정이 있는지를 물어본다. 있는 사람도 있지만 대부분 없거나 운영을 안 하는 경우가 많다. 이유를 물어보면 "시간 낭비라고 생각한다"라는 대답이 가장 많다. 물론 시간 낭비일 수도 있다. 실제 친구들과 친구를 맺어 페이스북을 하면 그럴 수도 있다. 하지만 스타트업 대표는 페이스북을 시간 낭비가 아니라 창업자들과 네트워크를 하기에 좋고, 개인 퍼스널브랜딩에도 도움이 되며, 고객을 이해하는 데도 도움이 되는 도구로 활용해야 한다.

페이스북에는 특정한 알고리즘이 있어서 친구 관계로 맺은 사람 중에서도 평소에 댓글이나 좋아요나 공유를 한 사람을 진짜 친구라고 생각하고 그들의 글을 더 보여 준다. 페이스북은 섬 같은 느낌이다. 나의 평소 취향에 따라 섬의 경계가 형성된다. 종교가 기독교라면 페이스북에는 기독교에 관한 글이 더 자주 보이고, 40대 남성이면 40대 남성들의 글이 자주 보인다.

만약 페이스북에서 타깃 고객을 친구로 해 그들의 글에 좋아요나 댓글을 달거나 공유하는 인게이지를 하면 나의 페이스북 타임라인에서는 고객들의 소셜 네트워크로 들어가 그들이 어떤 생각을 하는지 들여다볼 수 있다.

또한 퍼스널브랜딩을 위해 스타트업 관계자들과 친구를 맺어 놓는 것이 좋다. 투자자나 정부 지원 관계자, 창업 지원단 사람들과 친구를 맺고, 그들의 글에 인게이지를 하고, 서로 소통하면 내가 쓴 글이 그들의 타임라인에도 보인다. 페이스북은 스타트업 대표들에게는 돈을 들이지 않고도 스스로를 홍보하고 고객의 소리도 들을 수 있는 매우 유용한 수단이다.

Q 자기 소개 및 회사 소개 부탁드립니다.

A 저는 '바벨탑'이라는 스타트업을 운영하는 조은별이라고 합니다. 바벨탑은 전문 번역 서비스이고요. 제가 통·번역사로 활동하다가 창업하게 됐습니다. 기존에는 통·번역업계가 많이 아날로그식이었어요. 에이전시 업체들이 있고, 번역이 필요한 업체들이 에이전시에 전화나 이메일로 컨택하면 그 에이전시가 프리랜서 번역가들에게 재하청을 주는 식으로 작업해서 고객에게 납품하고 수수료를 떼는 방식이었어요. B2B가 사업의 본질이었는데, 정보의 비대칭이나 불투명성, 데이터를 모을 수 없고, 품질이 표준화되지 않은 것 등 여러 가지 문제가 있었어요. 그래서 '이것을 플랫폼화시켜 보자.'라는 생각으로 창업했어요. 플랫폼의 가장 중요한 점은 품질이 중요하다는 것이에요. 여기서는 일반 번역이나 구글 번역, 파파고 같이 회화용, 관광지용 번역이 아닌 비즈니스용 전문 번역이에요. 따라서 품질이 반드시 보장돼야 해요. 그래야만 스케일업이 가능하기 때문이죠. 우리 회사는 여기에 주안점을 두고 기획 및 마케팅을 하고 있습니다.

Q 창업을 하게 된 계기는 무엇인가요?

A 2016년 하반기에 맞춤형 사업 지원으로 3,000만 원을 받고 MVP 전 단계인 프로토타입을 만들었어요. 이를 계기로 동기부여를 받았어요. 청년 창업을 국가에서 지원해 주는 것을 보고 영감을 받게 됐고, 개인적인 호기심과 열정 때문에 창업하게 된 것 같습니다.

Q 팀원들은 어떻게 만났나요?

A 저는 컴맹이었어요. IT 인프라의 혜택을 받고 자란 문과였지요. 통·번역사이다보니 번역 스킬이나 업계의 사정은 잘 알고 있어서 간접적인 사전 리서치는 이미 되고 있던 것이나 다름없었기 때문에 서비스 기획은 수월했지만, 개발은 매우 힘들었어요. 우선 3,000만 원의 지원금으로 개발 분야의 스타트업에 개발 외주를 줬고, MVP가 나온 후 서버에 올려 관리하고 고도화할 직원을 채용했어요. 사업 초기에는 그렇게 팀을 꾸려 시작하게 됐습니다.

Q 팀원들과의 커뮤니케이션은 어떻게 하시나요?

A 지금은 사업의 전략상 개발을 조금 내려 놓아서 커뮤니케이션이 문제가 되지 않는데, 과거에는 개발팀이 너무 중요했기 때문에 CTO라는 직책이 필요하다는 조언을 많이 들었어요. 그래서 프런트엔드 개발자를 CTO로 임명했어요. 이후 CTO와 소통하고, 팀 구성이나 충원에 관한 업무를 분담해서 진행했어요. 결국 CTO와는 헤어졌는데, 그 후에 많은 어려움을 겪었어요. CTO는 회사의 장기적인 그림에 맞는 스펙이나 책임감을 갖춘 사람이어야 한다는 교훈을 얻게 됐어요. 이후 프런트엔드, 백엔드 개발자 중 3년차 미만인 개발 팀장을 헤드헌터 소개로 채용했는데, 이후 커뮤니케이션을 하기가 쉽지 않았어요. 지금은 서비스 운영에 영업 쪽에 포커스를 맞추고 있어서 괜찮지만, 이런 부분은 계속 고민해야 할 문제인 것 같아요.

Q 자금 조달 루트에는 어떤 것이 있고, 투자는 어떻게 받을 수 있나요?

A 신용보증기금, 엑셀러레이터, 초기 VC에서 자금을 조달했습니다. 투자는 시장의 규모가 어느 정도 돼야 하고, 그 시장에 관한 성장성이나 기술 트렌드가 각광을 받고 있다는 것을 리서치를 이용해 투자자에게 알려 줘야 하고, "우리가 그 시장에서 이런 문제점을 발견했고, 이런 솔루션으로 MVP로 만들어서 고도화했으며, 그 결과 이 정도 유저를 모았고, 이 정도 돈을 벌었다는 성과를 얻었기 때문에 스케일업해서 돈을 주시면 더 확장해서 더 크게 벌 테니 돈을 주세요."라고 설득해야 하는 것 같습니다.

Q 스파크랩 데모데이도 나가셨는데, 그 과정을 설명해 주실 수 있으신 가요?

A 스파크랩은 엑셀러레이터로, 보통 스타트업이 투자로 자금을 조달할 때 시드를 받은 후 시리즈 A, B, C를 받고 엑싯하는 것을 말하는데, 엑셀러레이터는 가장 초기 단계에 지원해 주는 곳입니다. 스파크랩에서는 그런 도움을 받았습니다.

Q 고객을 많이 만나시고 계신가요?

A 저희를 이용해 보신 고객은 300여 곳인데, 서비스상 밀접한 CS가 중요하기 때문에 긴밀하게 컨택하는 곳은 10개 사 정도 되는 것 같습니다. 통·번역사로 활동하고 있었기 때문에 고객 어카운트가 있었고, 고객과 소통을 하고 있었기 때문에 고객의 니즈를 잘 파악하고 있으며, 시장이나 고객에 대해서 잘 알고 있었기 때문에 자연스럽게 고객을 만나게 됐습니다.

Q 초기에 MVP를 만들 때 저를 만난 적이 있지요. 당시 '바벨탑'이라는 이름이 마케팅을 할 때 어려운 부분이 있다고 말씀드렸는데 지금은 어떻게 마케팅을 하시고 계신가요?

A 사실 그때 아차 싶었어요. 저는 바벨탑이라는 이름을 지어 놓고 굉장히 센스 있다고 생각했는데 역시 검색 시 어려움이 있더라고요. 그래서 중간에 이름을 바꿔 보려고 많은 시도를 했지만 실패했어요. 그런데 시간이 지나면서 SEO(검색엔진최적화)가 돼서 조금씩 올라오고 있어요. 그 덕분에 사업 초기에는 SEO가 매우 중요하다는 사실을 알게 됐어요. 구글이나 페이스북 광고를 많이 했는데 저희 비즈니스에는 큰 성과가 없었어요. 그래서 지금은 SEO에 집중해서 마케팅을 진행하고 있습니다. 블로그를 이용해 유입되는 고객들이 많아서 이제는 블로그 후기를 위주로 운영하고 있습니다.

Q 창업을 고려하시는 분들에게 해 주고 싶은 이야기는 무엇인가요?

A 사업을 하는 것에 여러 스타일이 있잖아요? 『스몰 자이언트가 온다』(보 빌링엄 저, 넥스트북스, 2019)라는 책을 본 적이 있는데, 매출로 비용을 커버하고 이윤을 남기는 내실 있는 사업을 하시는 분들이 많이 계신 것 같아요. 저희가 주목을 하지 않을 뿐이지 그런 스타일의 사업도 굉장히 멋있고, 존경스럽다는 생각을 하게 됐어요.

반면 스타트업은 장기적인 큰 성장성을 약속하면서 적자를 내며 적자를 지탱하기 위해 투자를 해 달라고 투자자들을 설득해야 하잖아요? 그래서 그 적자에는 정말 근거가 있어야 했어요. 그 근거라는 것이 초기에는 없을 수 있지만, 적어도 이론적으로 많이 리서치하고, 스터디하고, 크고 작은 테스트를 여러 번 거치면서 이것이 내 주관이 아니고, 내 고집이 아니라는 것이 있어야 하고, 창업자 개인에게 큰 리스크가 될 수도 있기 때문에 투자나 자금 조달을 무섭게 여기는 마음이 있어야 할 것 같아요. 요즘 너무 붐이 일어서 장려만 많이 하는 것 같아서 너무 그렇지 않을 수도 있다는 것을 염두해 둬야 할 것 같아요. 스타트업은 활주로가 길기 때문에 그것을 지탱할 의향이 있는지를 스스로에게 많이 질문해 봐야 할 것 같아요.

사업 계획 피칭 스킬과 전략

사업계획서에서 잠시 언급했지만, 정부 지원 사업이나 투자를 받을 때 1차는 서류 심사인 사업계획서를 보고 2차는 발표 평가를 하기 때문에 피칭을 해야 한다. 사업계획서도 중요하지만 그보다 더 중요한 것이 사업 계획 발표다. 어떻게 발표하느냐에 따라 자금 유치의 당락이 결정될 수 있기 때문이다.

필자는 정부 지원 사업의 심사위원으로 종종 참여하는데, 심사위원은 스타트업 대표의 피칭을 직접 듣고 그 자리에서 평가하는 일을 한다. 보통 몇십 팀의 피칭을 듣고 평가하는데, 5분, 10분, 15분 등 지원 사업에서 요구하는 피칭 시간이 다르긴 하지만, 정해진 시간 내에 발표해야 한다. 질의응답을 한 후에 평가를 한다. 불과 10~30분 안에 당락이 결정되는 것이다.

이때 너무 긴장해서 준비한 것을 제대로 발표하지 못하는 경우도 있고, 준비를 너무 많이 한 탓에 시간이 오버돼 준비한 것을 다 발표하지 못하는 경우도 있다. 질의응답 시간에 심사위원과 싸우려는 사람도 있고, 강의를 하러 온 사람처럼 기술에 관한 교육을 하는 사람도 있다. 모두 사업 계획 피칭의 목적과 의도에 관한 이해가 없기 때문에 일어난 해프닝들이다. 사업 계획 피칭에도 스킬과 전략이 필요하다.

스타트업의 피칭 중에 가장 기억에 남는 것은 시작하자마자 노래를 부른 스타트업 대표님이다. 음악 관련 플랫폼을 준비하는 스타트업이었는데, 발표를 시작하자마자 노래를 불렀다. 짧은 시간 동안 노래를 했지만 순간 시선을 사로잡고, 이후 발표를 하는 내용에 집중할 수 있었다. 그리고 기억에도 계속 남아 좋은 평가를 받을 수 있었다. 물론 인상에 남는다고 모두 좋은 평가를 받는 것은 아니다. 하지만 심사위원을 집중하게 만드는 것은 좋은 전략이다.

투자자에게 피칭을 하는 것은 더 어렵다. 정부 지원 사업의 심사위원은 가끔 의뢰가 들어올 때마다 심사를 하지만, 투자 심사역은 하루에도 수십,

수백 건의 사업계획서를 보고 발표를 듣는다. 약속을 잡기 어렵기 때문에 '엘리베이터 피칭'이라는 말도 생겼다. 투자자와 엘리베이터를 타고 올라가는 동안에 설득을 해야 한다고 해서 붙여진 이름이다. 사업 계획 발표는 1분간의 사업 계획 발표로 상대방을 설득해야 하는 절차이므로 철저한 전략과 스킬이 필요하다.

투자 유치

투자 유치는 스타트업의 단계에 따라 다양하다. 서비스 출시 전이나 초기에는 Pre-Seed나 Seed Round를 엔젤투자자나 엑셀러레이터에게 받는다. 이후에는 Series A에서 B, C, D로 다수의 투자를 받게 된다. 이때는 VC(Venture Capital)에게 받게 된다. Pre-Seed는 1~2억 원 이하, 시리즈 A는 10~20억 원 정도의 투자를 받게 된다. 하지만 꼭 정해져 있는 것은 아니다. 2021년에는 시리즈 A로 100억 원 이상을 받는 스타트업도 많아졌다.

투자를 받는 대신 스타트업은 투자한 대상에게 지분을 줘야 한다. 회사의 가치를 매긴 후 그에 해당하는 투자 금액의 비중만큼 지분을 주게 되는데 이렇게 투자자가 들어오면 지분이 희석된다. 자본금 5,000만 원으로 총 주식 수 10만 주를 발행하고, 주식 가격은 500원이라고 했을 때 투자자가 이 기업의 가치를 5억 원으로 평가해 1억 원을 투자한다면 투자 전 기업 가치(Pre-money Value)는 5억 원, 투자 후 기업 가치(Post-money Value)는 투자 금액을 더한 6억 원이 된다. 평가된 투자 전 기업 가치가 자본금의 10배이기 때문에 투자자는 주식 가격을 5,000원에 인수한 것이 되고, 1억 원의 투자금으로 2만 주를 취득하게 된다. 총 주식 발행 수는 12만 주가 되고, 투자자는 16.66%의 지분율을 갖게 되며, 기존 지분은 83.33% 정도로 희석된다. 간단하게 계산했지만, 실제 투자는 이보다 더 복잡한 계산을 거치게 된다.

회사 설립에서 상장까지 지분 희석율을 모의로 계산해 보면, 대략 처음 80%의 지분을 갖고 있어야 상장 시 35% 정도의 지분을 가질 수 있게 된다. 33.4% 이상의 지분을 갖고 있어야 단독 출석 시 특별 결의 사항을 통과할 수 있다. 투자 유치는 'IR(Investor Relations)'이라고 한다.

개발자를 위한 스타트업

자금 조달을 하기 위한 것이기 때문에 '펀드레이징(Fundrasing)'이라고도 한다. 지분을 희석해가면서까지 투자를 유치하는 이유는 자금을 조달하기 위해서다. 즉, 돈이 필요한 것이다. 전체 회사의 크기를 키우면 지분이 희석되더라도 지분 자체의 크기가 커지기 때문에 IPO나 M&A를 이용해 엑싯을 하게 되면 큰 금액을 얻을 수 있다.

물론 자금을 조달하는 데 있어 꼭 투자를 받을 필요는 없다. 대출이나 정부 지원 사업을 이용해 자금을 조달해도 된다. 대출은 이자가 있고, 상환해야 한다. 상환을 하지 못하면 신용도가 하락하거나 신용 불량자가 될 수도 있다. 투자는 투자금을 상환할 필요가 없지만, 지분을 줘야 한다. 정부 지원 사업은 지분도 줄 필요도 없고, 상환할 필요도 없다. 다만 서류 작업이 힘들 뿐이다.

제일 좋은 자금 조달 방법은 '매출'이다. 매출이 나면 투자를 받아 지분을 희석할 이유도, 대출을 받아서 이자를 내야 할 이유도, 정부 지원 자금을 받아 서류 작업을 할 이유도 없다. '스타일난다'의 김소희 대표는 매출이 많이 나와 투자를 굳이 받을 이유가 없었고, 로레알 그룹에 6,000억 원에 매각할 때 지분을 100% 갖고 있었으며, 그나마도 로레알에 지분을 70%만 넘겼다고 한다.

물론 흔한 케이스는 아니다. 그리고 투자를 받는 것도 매우 어렵다. 스타트업 미디어에서 하루에도 여러 건의 투자 뉴스를 접하게 되지만, 실은 극히 일부의 이야기일 뿐이다. 정부 지원 사업도 지원 금액의 크기가 매년 늘어나고 있긴 하지만, 그만큼 창업을 하려는 사람들이 많아지면서 경쟁률이 날로 높아지고 있다. 자금 조달은 대표의 숙명이자 생존에 가장 필요한 것이기도 하다.

피칭

피칭(Pitching)은 야구에서 투수가 타자를 향해 공을 던지는 것을 의미한다. 스타트업이 피칭을 한다는 것은 투자자나 심사위원에게 자금 조달을 목적으로 자신의 사업을 설명하고 설득하는 과정을 의미한다. 투수가 스트라이크 존에 공을 꽂아 넣듯이 투자자들의 마음속에 투자를 하고 싶다는 생각을 불러일으키는 것이 피칭인 것이다.

피칭을 하면 대부분은 사업계획서를 이야기하거나 기술적인 기능을 강조한다. 세상에서 유일무이한 기술이라거나, 아마존이나 애플이 있는 시장에 들어간다거나, 자신이 고학력자에 고스펙을 갖고 있다는 식으로 발표한다. 하지만 피칭의 목적은 상대방을 설득하는 것이다. 그리고 상대방은 투자를 해서 투자 수익을 낼 수 있는 기업을 찾는 중이다. 그렇다면 피칭에서 이야기해야 하는 것이 명확해진다. 우리에게 투자를 하면 수익을 얻을 수 있다는 것을 알려야 한다.

그럼 투자 수익을 얻을 수 있다는 것을 어떻게 증명할 수 있을까? 앞서 이야기했듯이 투자를 하면 지분을 받게 된다. 그 지분의 가치가 커지면 된다. 지분의 가치가 커지려면 회사의 가치가 커져야 하고, 그러려면 매출이나 매출에 영향을 미칠 수 있는 지표들의 뚜렷한 상승세를 보여 줘야 한다. 즉, 피칭을 이용해 이야기해야 할 것은 제품이 왜 시장에 꼭 필요한지, 고객에게 어떤 가치를 제공하는지 등이다.

짧은 시간 안에 상대방을 설득해야 하기 때문에 중요한 정보만 이야기해야 한다. 또한 우리에게 유리한 수치만 보여 줄 필요가 있다. 아직은 규모가 작더라도 작은 규모 안에서 퍼센테이지를 이용해 투자하면 같은 비율로 매출이 늘어날 수 있다는 것을 보여 준다거나 실제 고객들을 인터뷰한 내용을 이용해 얻은 인사이트를 보여 줘야 한다.

피칭을 할 때 피칭 템플릿을 제공해 주는 경우도 있고, 자신이 직접 만들어야 하는 경우도 있다. 어떤 경우이든 각 장표가 하나의 이야기처럼 이어져서 하나의 메시지를 전달해야 한다. 보통 피칭의 구성은 현재 풀고자 하는 문제점을 제시하고, 문제를 해결할 수 있는 솔루션을 말한다. 그리고 시장의 크기를 이야기하고, 비즈니스 모델 및 기능에 관한 설명을 한다. 그 다음 경쟁자가 누구인지, 마케팅 계획은 어떻게 되는지를 이야기하고 마지막으로 팀에 관한 소개를 하고 마친다.

스타트업 엑셀러레이터인 '500 Startups'의 설립자인 데이브 맥클뤄(Dave McClure)는 투자자의 입장에서 듣고 싶은 피칭의 방법을 소개했다.

첫 번째는 '엘리베이터 피치'다. 짧고 핵심적으로 간단한 회사 소개와 어떤 문제를 풀려고 하는지에 관한 설명을 30초 안에 해야 한다. 설명을 시작하기 전에 기억에 남을 만한 티저 이미지를 보여 주는 것이 팁이다.

두 번째는 '문제에 관한 이야기'다. 어떤 문제를 발견했고, 그 문제는 얼마나 크고 강력한 고통을 주는 것인지를 이야기한다. 문제는 꼭 솔루션 전에 위치해야 한다.

세 번째는 '해결책'이다. 어떻게 이 문제를 해결할 것인지를 설명한다. 단, 이 문제를 해결할 수 있는 다른 해결책에 비해 우리의 해결책이 얼마나 더 뛰어난지를 설명해야 한다. 그리고 간단한 데모를 보여 준다. MVP가 있다면 MVP를 보여 주면 된다.

네 번째는 '시장의 크기'다. 이런 문제를 겪고 있는 사람들이 얼마나 많은지를 보여 주는 것이다. 이 시장의 크기는 클수록 좋다.

다섯 번째는 '비즈니스 모델'이다. '이런 문제를 어떻게 해결하고, 어떻게 돈을 벌겠다.'는 것을 설명하면 된다.

여섯 번째는 '기술력'이다. 특허이든, 경험이든 우리가 우위를 갖고 있다는 것을 설명한다.

일곱 번째는 '경쟁사'다. 이때는 2×2 메트릭스로 설명하는 것이 좋다. X축과 Y축의 기준을 정한 후 우리는 어디에 위치하고 있고, 경쟁사들은 어디에 위치하고 있는지를 보여 준 후 경쟁사에 비해 우리가 잘하는 것은 무엇이고, 우리는 어디에 포지셔닝할 것인지를 설명한다. 경쟁사에 비해 우리가 낫거나 다르다는 것을 보여 줘야 한다.

여덟 번째는 '마케팅 계획'이다. 고객을 어떻게 확보할 것인지를 설명하면 된다. 어떤 고객을 타깃팅해 어떤 채널을 사용할 것인지, 비용을 얼마나 들고 전환율은 어떤지를 설명한다.

아홉 번째는 '팀에 관한 소개'다. 이 모든 것을 할 수 있는 사람은 우리 팀밖에 없다는 것을 강조한다. 우리가 이 문제를 풀 수 있는 어벤저스팀이라는 것을 설명하면 된다.

열 번째는 '돈에 관한 이야기'다. 수익과 이익은 어떻게 되는지, 고객을 획득하는 데 얼마나 많은 시간과 비용이 들었는지, 그래서 얼마가 필요하고, 어떻게 투자금을 사용할 것인지를 설명한다.

이 스토리는 하나로 이어져야 한다. 잘 살펴보면 하나의 이야기가 된다. '우리는 이런 사람들인데, 이런 문제가 있다는 것을 발견하고, 이것을 이렇게 해결하려고 한다. 이 문제를 겪고 있는 사람들이 엄청 많고, 우리는 이 문제를 해결하면 돈을 벌 수 있다. 우리는 이 문제의 해결을 위해 보유한 기술이 있고, 경쟁사보다 우리가 더 낫고, 잘할 수 있다. 우리는 고객을 이렇게 확보할 계획이고, 이 모든 것을 할 수 있는 사람은 우리밖에 없으며, 우리는 이 문제를 해결하기 위해 태어난 사람이다. 지금까지 1의 비용을 들여 10의 성과를 냈는데, 너희가 100을 투자하면 우리가 1,000을 만들어 주겠다. 그러니 지금 빨리 100을 투자해라. 10배로 만들어 줄게.'

이 내용이 상대방의 마음을 훔치고 설득할 수 있는 피칭의 스토리다. 앞의 내용은 투자자를 위한 피칭의 스토리지만, 목적에 따라 메시지가 달라지기 때문에 피칭 스토리도 달라져야 한다. 예를 들어 정부 지원 사업의 목적이 지원금을 이용해 고용을 증진시켜 취업률을 높이는 것이라면 회사를 어떻게 성장시켜 고용을 늘리겠다는 것에 포커스를 맞춰 피칭덱을 만들면 된다.

Q 자기 소개 및 현재 하시고 계신 일에 관한 소개 부탁드립니다.

A 저는 현재 나눔엔젤스라는 엑셀러레이터에서 이사를 맡고 있고, 개인적으로 BCA 컴퍼니에서 컨설팅 일을 하고 있습니다.

Q 엑셀러레이터로서 창업팀에게 가장 중요하게 보는 것은 무엇인가요?

A 첫 번째는 고객 중심으로 실행력 있게 밀고 나가는 것이 가장 중요하다고 보는데요. 예를 들면 문제를 발견했을 때 그것이 본인만의 문제인지, 주변에서 발견한 문제인지 등을 파악하는 것이 중요하다고 생각합니다. 결국 고객들에게 자신이 발견한 문제에 관한 솔루션을 제시할 때 돈을 주고 사야 하거든요. 그래서 결국 고객을 찾아 물어보고 자신의 솔루션이 고객에게 필요한지를 확인해야 하는데 그것은 실행력에서 나옵니다. 아무리 아이디어가 좋아도 실행력이 약하면 실패하는 경우가 많아요. 아이디어가 좋은 것보다는 실행력이 있게 아이디어를 발전시켜 나가는 것이 중요하다고 생각합니다.

Q 고객 개발을 시킨다고 했는데, 인터뷰를 몇 명 정도 해야 할까요?

A 기본적으로 20~30명까지는 만나보는 것을 권장해요. 적어도 20~30명을 만나보면 자신들이 어떤 문제를 해결하는지, 그 문제 해결에 있어서 고객들이 실제로 필요한지를 알 수 있거든요. 그 정도의 고객들만 만나도 방향성은 정할 수 있습니다.

Q 엑셀러레이터를 하면서 팀 빌딩을 도와준 적이 있나요?

A 종종 도움을 드린 적도 있습니다. 기획만 하는 팀이 있을 것이고, 개발은 잘하는데 아이템이 없는 분들도 있어서 간혹 서로 핏이 맞는지 미팅을 연결시켜 드리면서 팀 빌딩을 도와드린 적이 있습니다.

Q 팀 빌딩 시 초기 지분 배분 때문에 잡음이 있는데, 어떻게 나누는 것이 좋을까요?

A 정답은 없는데요. 그건 욕심의 문제라서…. 욕심은 정직한 것이거든요. 당장 큰 돈이 있으면 기여한 만큼 가져가고 싶은 것이 기본 욕구이기 때문에 부정할 수 없어요. 하지만 투자의 관점에서 봤을 때 창업자가 5명인데 동일한 지분을 갖고 있다면 굉장히 위험합니다. 서로 냉정하게 의사결정을 해야 하는 경우가 자주 있는데, 이때 서로 싸우게 되지요. 그런데 싸우는 과정에서 감정이 미묘하게 남으면 그 감정들이 누적되면서 언젠가는 폭발하죠. 그래서 1/N로 똑같이 지분을 갖고 있으면 위험하게 보고 투자를 하지 않죠. 현실적으로 3명이 창업했다면 누가 대표를 할 것인지 명확하게 정하고, 그 대표가 적어도 70% 이상의 지분을 가져가길 권장하죠. 그래야만 나중에 경영권 방어를 할 수 있고, 투자자의 입장에서 보더라도 회사의 중심이 누구이고, 그 중심을 기반으로 누가 적극적으로 의사결정을 내릴 수 있는지 판단할 수 있으니까요.

그런 의미에서 추천을 하면 누가 대표를 할지 정하고, 그 대표가 70%의 지분을 가져가는 걸 권장드립니다. 그러면 "나는 대표될 사람과 똑같은 기여를 하고 있는데 왜 나는 20%이고, 10%이냐."라는 말이 나올 수 있어요. 하지만 이런 건 서로 잘 이야기를 해서 이익 배분을 어떻게 할 것인지를 따로 결정하면 될 것 같아요. 사실 팀 빌딩해서 끝까지 같이 가는 경우를 보지 못했어요. 이런 상황들이 항상 생기기 때문에 서로 의기투합하는 것도 중요하지만, 아름답게 헤어질 수 있는 방법도 생각해 보면서 팀 빌딩을 하는 것이 나중을 위해 좋을 거라 생각합니다.

Q 개발자가 창업을 했을 때 투자를 잘 받으려면 어떻게 해야 하나요?

A 고객 개발을 중심으로 실행력 있게 진행하면서 투자자를 만날 때 적어도 고객들을 대상으로 내가 발견한 증거들을 가져오는 것이 좋습니다. '자기가 개발력이 있으니 아이디어를 어떻게 기술을 갖고 개발하겠다.'라는 플랜이나 개발 중이라는 것을 강조하는 분들이 종종 있는데, 그렇게 투자자를 만나는 것보다는 개발 단계라 하더라도 본인이 고객을 만나 어떤 인사이트를 얻었고, 그 인사이트를 기반으로 어떻게 개발에 반영하고 있는지를 사업계획서에 반영하는 것이 좋고요. 혹시라도 개발자가 창업을 하고 사업을 론칭을 했다면 적어도 하루, 이틀 정도 고객과 트랜젝션들을 데이터로 쌓아 고객들이 어떤 식으로 솔루션에 반영하고 있는지를 사업계획서에 담는 것이 가장 중요하다고 봅니다.

Q 투자자 입장에서 개발자가 창업할 경우, 장단점이 있을까요?

A 저는 장점이 더 많은 것 같아요. 고객을 만나 인사이트를 얻는 것도 중요한 실행력이고, 그다음으로 중요한 실행력은 '고객에게서 얻은 인사이트를 어떻게 솔루션으로 구현할 것인가?'입니다. 그래서 저희는 팀 내에 핵심 개발자가 있는지를 매우 중요하게 생각합니다. 사실 개발자가 창업했다고 하면 저희는 너무 좋죠. 고객 중심으로 움직이는 실행력만 갖추고 있다면 빨리 개발로 구현할 수 있으니까요. 오히려 개발자가 없는 팀을 보면 외주로 맡기게 되는데, 외주로 맡기면 일이 잘 안 되는 경우가 많이 발생하고, 요구사항이 바뀔 때마다 시간이 많이 걸리거나 비용이 더 들어가는 경우가 많기 때문에 실행력이 더 안 나오거든요. 그래

서 저희는 개발자가 있는 팀을 선호합니다. 개발자가 많은 팀의 단점은 밖에 나가지 않고 개발만 한다는 것입니다. 정말 심각하더라고요. 이건 저희 펀드에 출자한 투자자분의 의견에 따라 투자한 케이스라서 고객 중심의 실행력을 보지 못했는데도 투자한 것이긴 한데요. 지금 생각하면 마음이 많이 무겁습니다.

Q 나눔엔젤스에서는 스타트업에 어느 정도 투자하나요?

A 나눔엔젤서에서는 적세는 1,000~2,000만 원, 많게는 1억~2억 원 이상 투자하고 있고요. 최근에는 민간 펀드를 조성해서 열심히 투자 활동을 하고 있어요. 관심이 있다면 많이 지원해 주세요.

Q 나눔엔젤스에서 투자한 기업 중에 우리가 알 만한 기업이 있을까요?

A 2019년에 법인 설립을 했기 때문에 이후 1년 동안 7개 정도 투자를 하고 있어요. 업력이 짧다 보니 M&A된 경우도 있어요. '슈퍼브'라는 회사는 빅히트 엔터테인먼트(하이브)에 인수된 적도 있고요. 저희가 투자했던 곳 중에는 '아이랑 놀기짱'이 있고, 아직 두드러지진 않았지만 1, 2년 안에는 이름을 알릴 만한 투자 기업들이 있습니다. 그 이전에 나눔엔젤스 엄철환 대표가 투자한 기업에는 '클래스 101'과 '더맘마'가 있습니다.

Q 초기 스타트업이 투자를 받으려면 IR을 해야 하는데, 어떻게 일정을 잡을 수 있나요?

A 우선 콜드 메일로 IR 일정을 잡고자 하는 분들이 계세요. 서로 일면식도 없이 나눔엔젤스 홈페이지의 이메일을 보고 바로 보내는 경우가 있는데, 이 경우에는 성과 지표가 별로 없거나 그다지 매력적인 지표가 안

보이면 가급적 미팅 일정을 잡기 힘들 것 같아요. 누군가 추천해 주면 더 신뢰감이 생기지요.

메일로 보낼 때는 가급적 고객과의 릴레이션, 고객 개발을 이용해 얻었던 지표들을 보내 주는 것이 좋을 것 같습니다. IR 일정을 잡을 때는 멘토링이나 네트워킹을 이용하는 것이 훨씬 더 좋을 것 같아요. 가장 베스트 케이스는 나눔엔젤스에서 투자했던 기업들을 보시고, 그런 회사와 인연이 있다면 그 회사를 이용해 접수해 주시는 것이 더 빠를 수 있고요. 이외에는 고객 성과 지표를 보면서 답변드릴 수 있습니다. 저희가 서류를 받으면 대개 하루나 이틀 안에 일정을 잡고, 그렇지 않으면 내부적으로 심사역들과 의견을 조율하면서 적어도 일주일 이내에는 답변을 드립니다. 그리고 서류를 보내 주시고 빠르면 하루나 이틀, 늦으면 일주일 이내에 미팅 여부를 결정하면 이후에는 온라인 또는 오프라인에서 30분~1시간 정도 사업계획서를 보고 함께 이야기하면서 검토하고요. 여러분들이 보통 5~10분 정도 사업계획서 발표해 주시면 그것을 듣고 궁금한 것을 중심으로 질문하고, 끝날 때는 역으로 질문해 주시면 답변드립니다. 이때 많이 하는 질문은 앞으로의 일정, 심사 결과, 사업계획서를 보완해야 할 점이 무엇인지, 나눔엔젤스는 어떤 성장을 도와주는지 등입니다. 서류 심사, 인터뷰 심사가 끝나면 내부적으로 심사역들과 의견을 맞춰 보면서 빠르면 바로 투자 여부를 결정하고, 늦으면 1달 또는 15일이 걸릴 수도 있는데 보완한 후 다시 보자고 합니다. 심사를 통과하지 못하면 1주일 이내에 거절의 메일을 보내기도 합니다.

Q IR을 할 때 주의할 점은 무엇인가요?

A 일단 IR이라고 하면 자금이 필요해서 투자자를 만나는 자리잖아요? 투자자들을 설득하는 자리이기 때문에 투자자들이 듣고 싶은 이야기를 해주는 것이 중요합니다. 투자자들이 듣고 싶은 이야기는 주로 과연 발견한 문제가 해결할 만한 것인지, 시장이 큰지, 제시한 솔루션이 정말 고객이 필요로 하는 것인지 등이므로 이런 것들을 IR 자료에 잘 담아오시면 될 것 같습니다.

Q 개발자가 창업하는 데 가장 중요한 점은 무엇인가요?

A 정답은 없겠지만, 개발자의 가장 큰 장점은 발견한 것을 만들어낼 수 있다는 것이기 때문에 발견한 것을 빨리 구현했으면 좋겠어요. 구현을 할 때는 고객 중심의 인사이트를 반영하는 것이 좋을 것 같습니다.

Q 창업을 준비하는 개발자들에게 한마디 부탁드립니다.

A 길을 읽었을 때 하늘의 북두칠성을 찾으면 북쪽이라는 것을 알 수 있듯이 사업을 할 때도 고객이 북두칠성이라 생각합니다. 개발이라는 역량을 갖고 있다면 고객을 중심으로 아이디어를 발견하고, 그것을 고객 중심으로 구현한다면 좋은 성과를 거둘 수 있을 것이라 생각합니다.

피칭을 할 때 유의할 점

피칭도 할수록 늘기 때문에 많이 해 보는 것이 중요하지만, 그 전에 몇가지 주의할 점을 숙지하면 좀 더 시행착오를 줄일 수 있을 것이다. 우선 발표 시간을 준수해야 한다. 피칭을 듣는 투자자나 심사위원은 시간이 별로 없다. 여러 팀의 피칭을 들어야 하고, 평가도 해야 하기 때문에 주어진 시간을 반드시 지켜야 한다. 그리고 그 시간을 최대한 활용해야 한다. 시간을 초과하면 발표를 중간에 끊는 경우도 있다. 발표 시 창업한 이유만 이야기하다가 끝난 경우도 많이 봤다.

이 경우, 정작 중요한 비즈니스 모델에 대해서는 듣지도 못했기 때문에 당연히 탈락이다. 이러한 문제를 예방하려면 타이머를 이용해 연습해 봐야 한다. 5분 피칭이면 정확히 5분에 끝내야 하고, 10분이면 10분에 끝내야 한다. 너무 일찍 끝내도 질의응답 시간이 길어지기 때문에 리스크가 커진다. 어떤 발표자는 말을 속사포처럼 하기도 한다. 시간을 정해 둔 이유는 중요한 이야기만 듣겠다는 것이다. 방대한 양의 정보를 속사포로 쏟아낸다고 해서 좋은 평가를 받는 것은 아니다. 오히려 전달이 안 되기 때문에 마이너스인 경우가 더 많다.

다시 한번 강조하면, 피칭은 사업계획서나 기술력에 관한 이야기가 아니다. 전체를 다 이야기하는 것이 아니라 핵심적인 부분만 이야기해야 상대방을 설득할 수 있다. 어떻게 만들지에 관한 것보다 어떻게 돈을 벌 것인지가 더 중요하다. 기술 평가 발표가 아닌 이상 기술에 관한 이야기보다는 비즈니스 모델을 이용해 어떻게 돈을 벌 것인지에 중점을 둬야 한다.

피칭 연습을 할 때 발표 자료를 하나씩 빼서 발표하는 것도 연습해 보면 질의응답을 유도할 수 있다. 보통 피칭은 발표 후 질의응답 시간이 있다.

발표는 내가 컨트롤할 수 있지만, 질의응답은 그렇지 않다. 어떤 질문이 나올지 모르기 때문에 리스크가 크다. 발표자가 가장 실수를 많이 하기도 하고, 당황하기도 한다. 심사위원이나 투자심사역은 날카로운 질문을 한다. 사업계획서 발표 경험이 있는 심사자는 발표자가 생각하지 못한 핵심적인 질문을 한다. 이때 제대로 답변하지 못하면 발표한 것이 허사가 될 수도 있다.

따라서 질의응답에 관한 대비도 해야 한다. 그 방법 중 하나가 발표 장표를 하나씩 빼 보거나 내용을 빼서 질문을 유도하는 것이다. 발표 장표 중 비교적 중요한 부분이 빠져 있다면, 심사자는 분명 그 부분을 문제 삼아 질문할 것이다. 그러면 미리 준비한 장표를 보여 주면서 질문에 관한 답변을 할 수 있고, 질의응답 시간도 그만큼 내가 원하는 대로 사용하게 되므로 리스크를 줄일 수 있다. 발표 장표를 빼지 않더라도 근거 자료들은 발표 장표 뒤에 준비해 두는 것이 좋다. 시장의 크기를 산출한 근거가 무엇인지 질문했을 때 그냥 자료 조사를 이용해 산출했다고 말하는 것과 정확한 근거 자료를 보여 주는 것은 다를 것이다.

정부 지원 사업에서는 심사위원의 입장을 생각해 보면 도움이 된다. 심사위원은 하루에도 수십 팀의 발표를 듣고 평가한다. 보통 사업계획서 서류 심사를 하는 심사위원과 발표 평가를 하는 심사위원을 다르게 분배한다. 발표 평가를 심사하는 심사위원은 발표하는 날 사업계획서를 받게 되고, 발표를 보면서 동시에 사업계획서를 보고, 동시에 질문도 생각해야 하고, 평가도 해야 한다. 따라서 질의응답 시간에 어떤 질문을 할지 고민하게 되고, 발표 평가에 빈틈이 없는지 더 예리하게 살펴볼 수밖에 없다. 이런 심리를 이용해 질문을 유도하면 내가 자신 있게 답변을 할 수 있는 질문을 유도할 수 있다.

MVP 데모를 준비할 경우, 가능한 한 동영상으로 준비하고, 이 또한 미리 영상이 잘 플레이되는지 꼭 확인해 봐야 한다. 특히 개발자는 자신의 능력을 보여 주고 싶어서 서버를 랩탑에 적용해 실제 앱이 구동되는 모습을 보여 주기도 한다.

실제로 필자가 스타트업 위크엔드라는 해커톤에 참가했을 때 필자가 속한 팀에서 다음과 같은 일이 일어났다. 서로 전혀 모르는 사람이 팀을 짜서 2박 3일 동안 서비스를 만들고 발표까지 하는 방식이었다. 당시 우리 팀에는 슈퍼 개발자가 있었고, 랩탑에 서버를 구축해 발표 때 구동되는 모습을 보여 주기로 했다.

발표 시간은 5분이었고, 시연은 30초 정도밖에 안 되는 간단한 데모였다. 리허설 때 잘 동작되는 것을 확인했고, 여러 번 확인했지만 막상 발표 때가 되자 서버가 연결되지 않아 결국 데모도 못 보여 주고, 발표도 못하고 말았다.

이후에도 이와 비슷한 케이스를 정말 많이 봤다. 심지어 동영상으로 준비한 데모가 준비한 발표 자료에서 갑자기 플레이가 되지 않아서 당황하다가 끝나는 경우도 많이 봤다. 당시 발표자의 노트북에서는 플레이가 잘 됐는데, 발표 장소에 있는 컴퓨터가 워낙 사양이 낮아 동영상이 플레이되지 않은 것이다. 중요한 것은 데모가 아니라 전체적인 사업 계획이므로 가능한 한 BMC에 집중해 발표하는 것이 중요하다.

마지막으로 자신감 있는 표정과 손짓으로 발표를 해야 한다. 심사위원이나 투자심사역의 미간 사이를 보면서 발표하거나 뒤에 벽시계가 있다면 벽시계를 보면서 아이컨택을 하는 것처럼 해야 자신감이 있어 보인다.

땅을 보거나 발표 자료만 보면 신뢰감을 주기 어렵다. 간혹 스크립트를 들고 와서 읽는 사람들도 있는데, 가능하면 아이컨택을 하며 발표해야 한다. 연습만이 최선이다. 이외에 모니터링을 하는 것도 추천한다. 필자가 피칭 멘토링을 진행할 때 주로 사용하는 방법인데, 발표하는 모습을 영상으로 촬영해 함께 모니터링을 한다. 모니터링을 하면 어떤 제스처가 좋을지, 멘토는 어떤 것이 좋을지를 더 객관적으로 살펴볼 수 있다. 팀원이 있다면 팀원이 심사위원이 돼 질의응답을 해 보는 것도 좋다. 예상 질문을 뽑아 연습해 보면 질의응답 시간의 리스크를 줄일 수 있다.

피칭은 설득이고, 설득은 논리와 자신감이 중요하다. 이런 기술은 쉽게 습득되지 않는다. 잘하는 사람들을 많이 보고 벤치마킹해야 한다. 유튜브를 검색해 보면 수많은 피칭을 볼 수 있다.

- Primer 데모데이: https://www.youtube.com/channel/UCA9FWfDU9_SnNl1MCQ-n7zQ
- 디캠프 데모데이: https://www.youtube.com/channel/UCqsmYLUWkpphW-RgK9GZh7A
- 롯데벤처스: https://www.youtube.com/c/Lotteac
- IBK 창공: https://www.youtube.com/channel/UCmL29.PphyIUxJgbZFG-zUQ
- 스파크랩스: https://www.youtube.com/user/SparkLabsKorea

위 데모데이 영상이 있는 유튜브 채널만 살펴봐도 피칭에 도움이 될 것이다.

투자자의 종류

스타트업 투자자는 크게 엔젤투자자(Angel Investor), 인큐베이터(Incubator), 엑셀러레이터(Accelerator), 벤처캐피털(VC)로 나뉜다.

투자는 꼭 받아야 하는 걸까? 그렇지는 않다. 매출이 충분히 잘 나온다면 투자를 받을 필요가 없다. 투자를 받으면 자금 조달이 이뤄지지만, 그 대가로 지분을 줘야 하고, 주기적으로 보고도 해야 하고, 경영에 간섭을 받기도 한다. 물론 반대 급부로 투자자의 네트워크를 활용할 수 있고, 투자자가 갖고 있는 여러 노하우를 이용해 시행착오를 줄일 수도 있고, 다음 라운드의 투자처를 소개받거나 연결되기도 한다. 장단점이 있기 때문에 투자는 꼭 필요할 경우에 받는 것이 좋다.

엔젤투자는 1920년 초반, 미국의 브로드웨이에서 작품은 좋은데 돈이 없어서 무대에 올리지 못하는 뮤지컬을 후원하던 데서 비롯됐다. 기술력은 있지만 자금이 부족한 초기 스타트업에게 투자를 하는 개인 투자자를 일컫는다. 엔젤투자자는 직접투자와 간접투자로 나뉘는데, 직접투자는 개인이 직접 기업과 접촉해 투자하는 경우, 간접투자는 49명 이하의 개인이 모여 결성한 개인 투자 조합이 투자하는 경우다. 또한 전문 엔젤투자자와 적격 엔젤투자자가 있는데, 전문 엔젤투자자는 한국엔젤투자협회가 자격을 부여하고, 전문 엔젤투자자가 투자한 기업에는 2배수 매칭펀드 신청 자격이 부여된다. 적격 엔젤투자자는 최근 2년간 2,000만 원 이상의 투자 실적을 보유하고 있거나 한국엔젤투자협회가 인정하는 기업가나 경력 보유자를 의미한다. 적격 엔젤투자자가 투자한 기업에는 1배수 매칭펀드 신청 자격이 주어지며, 연간 매칭 한도는 2억 원이다. 엔젤투자자에 관한 정보는 엔젤투자지원센터(https://www.kban.or.kr)를 참조하기 바란다.

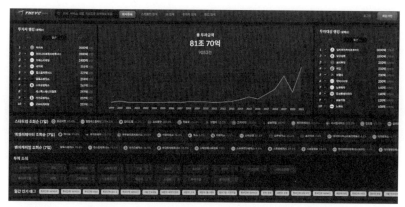

더브이씨에서 기업을 검색하면 어느 단계에서 누구에게 투자받았는지 알 수 있다.

　인큐베이터는 창업 기업을 대상으로 사무실 공간을 제공해 주거나 창업 교육을 시켜 주고, 멘토를 연결시켜 주는 등 스타트업이 초기에 잘 성장할 수 있도록 인프라를 지원해 준다. 지역이나 대학 내 창업보육센터가 인큐베이터이며, 이에 대한 자세한 정보는 창업보육센터 네트워크 시스템 (https://www.smes.go.kr/binet/main/main.do)을 참조하기 바란다.

　엑셀러레이터는 인큐베이터와 달리, 사무실 공간뿐 아니라 창업 자금을 투자하고 여러 네크워트를 제공해 주는 전문 기관이다. 엑셀러레이터에 따라 투자하는 기업의 특징들이 있어서 네트워크 효과를 얻을 수 있는 엑셀러레이터에 투자를 받으면 좀 더 빠르게 성장할 수 있다. 국내에서는 프라이머, 매쉬업엔젤스, 본엔젤스, 퓨처플레이, 블루포인트파트너스, 스파크랩, 롯데벤처스, 네오플라이, 빅뱅엔젤스, 나눔엔젤스 등을 들 수 있고, 해외에서는 Ycombinator와 500 Startups를 들 수 있다.

　'벤처캐피털'은 엔젤투자나 인큐베이터, 엑셀러레이터의 단계를 지난, 성장의 박차를 가하는 스케일업 단계에 있는 기업에 투자하는 회사다. Serise A, B, C, D 단계에 따라 전문으로 투자하는 벤처캐피털로 구분돼 있다. 다른 단계의 투자자와 다른 점은 기업의 보육이나 초기 성장에 관한 리스크보다 재무적인 목표에 더 중점을 둔다는 것이다.

어떤 기업이 얼마나 투자를 받았는지를 쉽게 찾아볼 수 있는 사이트로는 'THEVC(https://thevc.kr)'를 들 수 있다. 이 사이트에서는 어떤 회사가 어디에서 어떤 단계의 투자를 받았는지 살펴볼 수 있다.

또한 '누구머니(https://nugu.money)'에서는 익명으로 투자자에 관한 평가를 볼 수 있다. 어떤 VC가 어떤 평가를 받고 있는지에 관한 최신 정보를 얻을 수 있지만, 익명이고, 개인 의견이기 때문에 참고만 하기 바란다.

인터뷰 고병기(서울창업디딤터 팀장)

Q 자기 소개 및 현재 하시고 계신 일에 관한 소개 부탁드립니다.

A 저는 서울창업디딤터에서 인큐베이팅 담당을 하고 있는 고병기라고 합니다. 저희는 서울시 지원으로 초기 기업을 지원하는 센터입니다.

Q 서울창업디딤터에 관해 좀 더 구체적으로 설명 부탁드립니다.

A 저희 센터는 노원구에 위치해 있습니다. 노원구에는 창업 지원 기관들이 많지 않아서 중심적인 센터로서 초기 창업을 지원하고, 여러 가지 포럼이나 교육 프로그램을 운영하고 있습니다. 2014년에 개소해서 현재까지 7년 정도 운영하고 있습니다. 서울시에서 만든 센터 중에서는 조금 업력이 있는 센터라고 볼 수 있습니다.

Q 많은 창업팀들을 만나보셨을 것 같은데, 창업에서 가장 중요한 것은 무엇이라고 생각하시나요?

A 창업을 하고자 하는 이유라고 생각합니다. 창업을 하는 이유가 돈일 수도 있고, 세상에 기여하고 싶어서 일 수도 있지만, 그 이유를 대표님이나 팀원들이 공감하는지가 중요하다고 생각합니다.

Q 그런 팀들 중에서 개발자가 직접 창업하는 경우가 있을 텐데 다른 팀과 비교해서 차이점이 있나요?

A 기본적으로 서비스나 기술을 구현하는 데 강점이 있습니다. 실제로 그런 분들이 창업했을 때 고객에 관한 부분을 많이 놓치시더라고요. 고객 중심보다는 뛰어난 기술력에 초점을 맞추시는 분들이 아직까지는 많은 것 같습니다. 개발자가 창업하는 경우는 아이디어만으로 창업하는 분들보다는 경쟁 우위가 있다고 생각합니다.

Q 고객 중심보다는 기술 중심으로 생각한다고 했는데, 그런 경우는 창업이 잘되나요?

A 사실 창업은 그 누구도 알 수 없는 일이라서 잘된다, 안 된다라고 말씀드릴 수는 없지만, 고객을 간과하거나 놓치면 제품 · 서비스가 고객에게 판매되지 않는 경우가 있다는 것을 명심해야 합니다. 자신이 만들고 싶은 기능에만 초점을 맞추다 보면 시장에 맞지 않는 제품 · 서비스가 개발되기 쉽습니다. 그런 부분이 아쉽긴 하죠.

Q 정부 지원 사업이 많은데, 이런 정보는 어디서 얻을 수 있나요?

A 기본적으로 중앙 정부가 지원하는 사업은 연말에 첫 년도 사업에 관한 큰 가이드가 나오고, 연초에 설명회를 많이 합니다. K-스타트업과 같은 사이트를 이용하면 정부가 지원하는 사업들에 관한 정보를 얻을 수 있습니다. 제가 속해 있는 서울창업디딤터를 비롯해 서울시가 지원하는 기관들도 많습니다. 처음에는 K-스타트업을 이용해 정보를 얻고, 그 후에는 본인이 살고 있는 지역이나 본인이 소속된 지역 내에 사업을 지원하는 기관들이 있는지 확인해 보시는 것도 큰 도움이 될 것 같습니다.

개발자를 위한 스타트업

Q 서울창업디딤터에서는 어떤 기준을 갖고 지원 업체를 선정하시고, 지원할 때 주의해야 할 무엇이 있을까요?

A 기준이 있긴 하지만 큰 영향력을 행사하지는 않고, 창업도 트렌드를 따라가다 보니 매해 신청하는 기업의 아이템이나 대표님의 성향도 많이 달라지는 것 같아요. 주로 3년 미만 기업만 지원하고 있는데, 그중에서 예비 창업자 및 1년 미만 기업을 80% 정도 뽑고 있고, 1년에서 3년차까지 20% 정도 뽑고 있습니다. 아무래도 초기 중에서도 극초기에 있는 기업들이 지원이 더 필요하므로 좀 더 지원하려고 합니다.

Q 서울창업디딤터에서는 주로 어떤 것을 지원해 주나요?

A 일단 프로세스상에서 기업 선발이 가장 큰 비율을 차지할 수밖에 없는 극초기 기업들에게 가장 필요한 것이 사무 공간이기 때문에 사무지 주소를 둘 수 있는 공간에 관한 부분을 지원하고, 콘텐츠나 시장을 바라보는 눈, 고객이 어떻게 제품·서비스를 이용해 만족시킬 수 있는지가 중요합니다. 따라서 비대면 서비스, AR 같은 기업들이 신청을 많이 했고, 지역적으로 외진 곳에 있다 보니 핫한 기업의 신청률이 높지는 않지만, 10:1 정도의 경쟁률은 유지하고 있습니다.

Q 기창업자도 지원을 받을 수 있나요?

A 예비 창업자는 당연히 지원받을 수 있습니다. 그런데 단지 공간에 관한 지원뿐이고, 서비스는 똑같습니다. 예비 창업자나 기창업자 모두 교육, 멘토링, 사업화 자금까지 지원됩니다. 그리고 입주하게 되면 최대 3년까지 연장되기 때문에 그에 관한 지원을 받을 수 있습니다.

Q 서울창업디딤터 출신 기업 중에 알 만한 기업이 있을까요?

A 소셜 벤처 분야라서 소위 잘나가는 기업은 없었지만, 예를 들면 '홈핏'이라는 기업이나 다이어트 도시락을 서비스하는 '마이비이'라는 기업을 들 수 있습니다. 최근 투자를 받은 기업들도 나오고 있는 것 같습니다.

Q 이제 시작하는 창업자분들에게 한마디 부탁드리겠습니다.

A 창업이 힘든 일이라는 것을 알기 때문에 일단 창업을 하는 분에게 존경의 마음이 있고요. 이왕 창업을 하셨으면 잘 버티는 게 관건인 것 같습니다. 버티다 보면 좋은 날이 오니까요. 창업은 어떻게 될지 아무도 모르기 때문에 중간에 지치지 마시고 끝까지 완주하셨으면 좋겠습니다.

에필로그

여기까지가 제가 준비한 창업에 관한 이야기입니다. 이제부터는 직접 창업에 관한 이야기를 써 나갈 차례입니다. 창업에는 정해진 길은 없습니다. 정해진 길보다는 아무도 가지 않은 길을 가는 것이 창업에 어울린다고 생각합니다.

창업의 실패 확률을 줄이는 방법과 빠르게 실패해서 리스크를 줄이는 프로세스를 설명했지만, 이 모든 것을 알고 있다고 해도 그 과정을 실제로 걸어가는 것은 다르다고 생각합니다. 이제는 제품·서비스를 무작정 개발하지 말고 고객을 한 명이라도 더 만나 창업에 관한 인사이트를 얻으시길 바랍니다.

끝으로 이 책을 나올 수 있도록 도와 주신 정보문화사에 감사의 인사를 드립니다. 창업에 꼭 성공하시길 빌겠습니다.

이종범